中国地质调查成果 CGS2020-033
西北地区矿产资源潜力评价与综合(1212010881632)项目资助
西北地区矿产资源潜力评价系列丛书
丛书主编　李文渊　王永和

西北地区矿产资源潜力评价数据集成与应用研究

XIBEI DIQU KUANGCHAN ZIYUAN QIANLI PINGJIA SHUJU JICHENG YU YINGYONG YANJIU

李　林　李　清　梁　楠
张　转　李政国　李　珂　等编著
肖朝阳　裴　赢　谢　群

中国地质大学出版社
ZHONGGUO DIZHI DAXUE CHUBANSHE

图书在版编目(CIP)数据

西北地区矿产资源潜力评价数据集成与应用研究/李林等编著.—武汉:中国地质大学出版社,2020.12
ISBN 978-7-5625-4917-8

Ⅰ.①西…
Ⅱ.①李…
Ⅲ.矿产资源-资源潜力-资源评价-西北地区
Ⅳ.F426.1

中国版本图书馆 CIP 数据核字(2020)第 263209 号

西北地区矿产资源潜力评价数据集成与应用研究 李林 等编著

责任编辑:马 严 选题策划:毕克成 刘桂涛 责任校对:周旭

出版发行:中国地质大学出版社(武汉市洪山区鲁磨路 388 号) 邮编:430074
电 话:(027)67883511 传 真:(027)67883580 E-mail:cbb@cug.edu.cn
经 销:全国新华书店 http://cugp.cug.edu.cn

开本:880 毫米×1 230 毫米 1/16 字数:254 千字 印张:8
版次:2020 年 12 月第 1 版 印次:2020 年 12 月第 1 次印刷
印刷:湖北睿智印务有限公司 印数:1—500 册

ISBN 978-7-5625-4917-8 定价:168.00 元

《西北地区矿产资源潜力评价数据集成与应用研究》

编委会

主　编：李　林　李　清

编　委：（按姓氏笔画排序）

韩小明　郝维杰　李慧勤　李　珂

李政国　梁　楠　裴　赢　万晓明

王鹤轩　王洛峰　夏建勋　肖朝阳

谢　群　张娟霞　张　转

前　言

为了贯彻落实《国务院关于加强地质工作的决定》中提出的“积极开展矿产远景调查和综合研究，科学评估区域矿产资源潜力，为科学部署矿产资源勘查提供依据”的要求和精神，国土资源部于2006年部署了全国矿产资源潜力评价工作，设立“全国重要矿产资源潜力预测评价及综合”计划项目。2007年1月国土资源部将该计划项目列入重点工作，并更名为“全国矿产资源潜力评价”，下设47个工作项目，涵盖省级、六大区和全国三个层次，工作周期为2006－2013年。

“西北地区矿产资源潜力评价与综合”项目是中国地质调查局“全国矿产资源潜力评价”计划项目下设的工作项目之一，由中国地质调查局西安地质调查中心承担完成。“西北地区矿产资源潜力评价综合信息集成”是“西北地区矿产资源潜力评价与综合”项目的工作内容之一，其目标任务是指导省级项目组开展成矿地质背景、成矿规律、物探、化探、遥感、自然重砂、矿产预测等项研究专题图件、图层、属性数据库建设标准、指南及数据模型的应用；开展西北地区成矿地质背景、成矿规律、物探、化探、遥感、自然重砂、矿产预测等综合研究和汇总工作，编制西北地区大地构造相图、矿产预测类型分布图、成矿规律图、矿产预测成果图、勘查部署建议图等，汇总建立西北地区各专业类区域工作的地学空间数据库。按照全国矿产资源潜力评价综合信息集成应用的技术要求，在省(区)级成果的基础上，开展西北地区矿产资源潜力评价综合信息集成与汇总，开展专业成果的深化和提升，完成西北地区矿产资源潜力评价综合信息集成汇总及专业应用专题报告。

《西北地区矿产资源潜力评价数据集成与应用研究》是“西北地区矿产资源潜力评价系列丛书”的分册之一，是对西北地区矿产资源潜力评价项目实施过程中全面全过程应用GIS信息技术的全面经验总结，详细阐述了西北地区矿产资源潜力评价工作中资料收集、数据录入、编图、研究、分析、验收、汇总、建库等全流程信息化保障过程，重点阐述了基础地质数据维护更新、矿产潜力评价专题编图、成果数据综合集成等关键环节所遵循的信息化原则、过程。同时，从区域地学数据中心建设角度，将西北地区矿产资源潜力评价各专业内容(包括成矿地质背景研究、成矿规律研究、矿产预测研究、重力资料应用、磁测资料应用、化探资料应用、遥感资料应用、自然重砂资料应用)整合集成，建立起完善的西北地区重要矿产资源潜力评价及预测相关数据仓库，特别是靶区的地学空间数据库、典型矿床数据库，为今后西北地区矿产资源潜力评价工作常态化、矿产勘查规划、部署研究奠定扎实的信息基础。

《西北地区矿产资源潜力评价数据集成与应用研究》由李林、李清、梁楠、张转、李政国、李珂、肖朝阳、裴赢、谢群编写完成。各章节分工情况如下：前言、第四章、第五章、第八章由李林编写，第三章由李清、裴赢编写，第二章由梁楠、肖朝阳编写，第一章由张转、梁楠编写，第六章、第七章由李政国、李珂、谢群负责编写，全书由李林统稿。

本书在成矿地质背景研究、成矿规律研究、矿产预测研究、重力资料应用、磁测资料应用、化探资料应用、遥感资料应用、自然重砂资料应用、属性数据库建设等方面得到了相关专家的大力支持和帮助。(武汉)中国地质调查局发展研究中心杨东来研究员、左群超教授级高工、王成锡教授级高工、刘荣梅教授级高工，中国地质大学(武汉)汪新庆教授,中国煤炭地质总局航测遥感局林燕高级工程师,广东省地质调查院李文胜教授级高工、张源高级工程师,中地数码公司朱峰工程师等的亲切指导和诚恳帮助,使我们受益匪浅。同时,也得到了新疆、青海、甘肃、陕西、宁夏综合信息集成项目组的鼎力支持,新疆夏建勋教授级高工、韩小明教授级高工,青海郝维杰教授级高工,甘肃王鹤轩高级工程师、王洛峰高级工程师,陕西张俊良教授级高工、张娟霞高级工程师、万晓明高级工程师,宁夏李慧勤教授级高工等专家都给予了支持与帮助。项目运行过程中,中国地质调查局西安地质调查中心李文渊研究员、王永和教授级高工、杨合群研究员、董福辰教授级高工、刘宽厚教授级高工、冯治汉教授级高工、李宝强教授级高工、李健强高级工程师、雷桂霞教授级高工、潘朝霞教授级高工、韩媛高级工程师在百忙之中给予技术指导和宝贵建议。

在此衷心感谢上述各位专家的无私帮助和辛勤劳动。

限于编者的时间和水平,书中难免存在不足之处,恳请专家同行批评指正。

著者

2020 年 3 月

目　录

第一章 西北地质数据基础

第一节 地质数据基础

基础数据库的建立反映了我国国土资源信息工作程度，对国民经济建设、矿产资源勘查、土地质量评估等均有重要作用。自数字国土工程开展以来，我国对几十年来积累的大量地质工作资料进行了数字化和数据库建设，基本建立了国家基础地学数据库体系。据不完全统计，已经完成和正在建设的全国性数据资源有十二大类50余种数据库，数据量达10TB以上。主要包括：1∶500万、1∶250万、1∶50万、1∶20万、1∶5万数字地质图空间数据库，1∶600万水文地质、环境地质、灾害地质图空间数据库，1∶20万、1∶5万和小比例尺数字水文地质图空间数据库，地下水动态监测数据库，基础地质灾害调查数据库，全国重大地质灾害数据库，全国岩溶塌陷灾害数据库，全国矿产地数据库，全国自然重砂数据库，全国同位素地质测年数据库，全国1∶20万～1∶50万区域地球化学数据库(39个元素和氧化物)，全国1∶20万～1∶100万区域重力调查数据库，全国1∶20万～1∶100万航空磁测数据库，全国航空电磁数据库，全国航空放射性数据库，全国地质工作程度数据库，全国矿产储量数据库，全国地层数据库，全国钻孔及测井数据库(框架)，全国岩石数据库，地学专题图数据库以及航空遥感影像数据库等。

近年来，中国地质调查局西安地质调查中心(西安地质矿产研究所)在实施地质调查项目时也建立了相关数据库，主要有1∶100万西北地区天山-北山地质图空间数据库、祁连-秦岭地质图空间数据库、西北地区(青藏高原以北)断裂系统数据库和侵入岩地质图数据库、青藏高原北部地质图空间数据库、1∶50万祁连山成矿带矿产地数据库、北山成矿带矿产地数据库、西南天山成矿带矿产地数据库、1∶500万全国超基性—基性岩铬镍(铜)钴矿产地数据库等，为西北片区矿产资源潜力预测与评价工作奠定了一定的工作基础。截至2006年，完成了以下可供西北地区矿产资源潜力预测评价应用的重要基础地质数据库。

一、基础地质图数据库

(一)1∶250万数字地质图空间数据库

根据中国地质调查局的统一部署，由发展研究中心负责，中国石化集团石油勘探开发研究院、国家基础地理信息中心参加，同时聘请了国土资源部咨询研究中心、中国地质科学院以及部分省、自治区地勘局等单位的技术专家，于2000—2003年历时3年，建立了1∶250万数字地质图空间数据库。它以板块构造及地球动力学理论为指导，以1∶50万数字地质图数据为基础，以2001年至2002年10月新完成的1∶5万、1∶25万地质图(63幅)及1∶5万、1∶20万、1∶25万区调资料和有关科研成果、专题论文等为补充资料，经进一步综合编制而成，数据量约400MB。

1∶250万数字地质图空间数据库专业上采用了最新的地质年代划分方案，对全国年代地层、岩石地层进行了系统归纳和总结，重建了各个地层区的区域地层系统。编有分省、分片区的新地层系列表。编图采用了2000年第三届全国地层会议通过并由国土资源部批准的《年代地层表》新方案，作为编制1∶250万地质图的年代地层划分的依据。表示年代地层单位4521个，显生宙地层以年代地层单位表示，尽量划分到统；早前寒武系划分了表壳岩和深成侵入岩；第四系以年代加成因类型表示，表示成因单位473个，对大面积第四纪覆盖区，表示了代表性钻孔367个。侵入岩表示单位2286个，按五大主要岩类以年代加岩性表示；代表性岩体表示了同位素年龄数据1452个，表示晶洞花岗岩180个。火山岩以地层单位表示，东部中生代和西部古生代火山岩以叠加花纹表示，火山口单独表示。特殊岩类表示：蓝闪片岩33处，榴辉岩124处，蛇绿混杂岩带74处，科马提岩1处。断裂构造按性质和规模表示，规模大的1类、2类断层756条，赋有属性。表示古人类遗址3处。

数据库管理系统运行环境为32位操作系统，Windows 98以上平台，在中地公司开发的MapGIS基础上，利用GIS技术直接在计算机上编制和建立了中华人民共和国1∶250万数字地质图空间数据库。软件采用MapGIS点线面图层与属性方式管理数据，以MapGIS操作功能进行工程管理，实现图形数据与属性数据的检索与查询、投影变换与裁剪制图功能。

1∶250万数字地质图空间数据库系统主要功能：可以完成全国及省行政区空间检索，全国版图内1∶100万、1∶50万、1∶25万3种国际分幅比例尺的任意图幅检索和任意多边形空间检索，库内所含有的任意地质内容的地质图数据检索，任意地理内容的地理底图数据检索，并可将上述检索结果按国家标准规定的投影方式进行自动编图、自动标注注记、自动生成相应的编图图例，极大地方便了用户并加速了编图速度。

1∶250万数字地质图空间数据库以GIS为应用平台，填补了我国1∶250万比例尺数字地质图空间数据库方面的空白，对显示和提高我国大陆地质研究程度，总结和体现我国地质的总体特征，体现基础地质科学研究的最新水平具有重要意义，可为国土资源勘查开发管理，国民经济建设各有关部门规划部署工作和开展国际地质科学技术交流合作以及为生产、教学、科研各方面提供基础地质资料。

（二）1∶50万数字地质图空间数据库

中华人民共和国1∶50万数字地质图空间数据库项目，是由国家计划委员会和地质矿产部共同立项，由原地矿部组织实施的国家项目，同时还列入了原地矿部“九五”科技攻关项目（项目编号：9506013）。该项目由国土资源部地质勘查司、中国地质调查局等负责，发展研究中心、中国新星石油公司北京计算中心、国家基础地理信息中心、各省（区、市）地质勘查局和香港特别行政区土木工程署参加，全国累计有27个省（区）先后900人次参加此次建库工作，起始于1997年，历时3年，于2000年完成，2005年对数据库进行了全面更新。

该库以20世纪80年代后期出版的各省（区、市）1∶50万地质志附图为基础资料，包括了1996年以前1∶50万区域地质调查资料2466幅，使用了全国岩石地层单位清理成果，补充使用了20世纪80年代中期至1997年的1∶5万区域地质调查资料2464幅、1∶20万区域地质调查资料552幅、科研专题成果资料174项。图上标示了岩石地层单位534个，花岗岩谱系单位1802个，侵入体时代加岩性单位1780个，全国性断层174条，省（区、市）内重要断层558条，一般断层数万条，同位素年龄资料1545个，钻孔资料382个。

采用现代地质学、地层学、岩石学等新理论和方法，按岩石地层单位、花岗岩谱系单位、侵入岩时代加岩性建立了全国统一分层的数据库。在地质编图方面采用了新的理论、新的概念和新的方法。地层以岩石地层单位为基本编图单位，保留了年代地层单位编图的优点，可以按年代设色，编制或缩放不同比例尺地质图，同时还可以以岩石地层单位为基础，按大地构造单元和地层区划进行编图，具有更多的信息量、更强的可读性及科学性，这在当前国内外同类图件编制中是一种创新。大多数省(区)将侵入岩按年代加岩性的单位和花岗岩类谱系单位进行编图，它既有与国际接轨的一面(年代加岩性)，又有所创新(花岗岩类谱系单位)，而且可以将这两者进行转换。参照变质岩系的新概念、新理论和填图的新资料，对中深变质岩按岩群、岩组，以及各种构造混杂岩、特殊地质体(蛇绿岩、榴辉岩、榴闪岩等)加以表示，能够更清楚地反映不同时期的大地构造环境。地理底图统一使用由国家基础地理信息中心提供的1∶50万数字地理底图，内容翔实、边界统一、精度高、可塑性强。

数据库数据量约1.0GB。数据库管理运行在Windows 2000/XP平台上，软件采用MapGIS国产软件，建立了具有海量数据、安全可靠、易于推广、内容丰富、检索方便、用途广泛、可操作性强的1∶50万数字地质图空间数据库及数据库系统，便于数据库的管理和信息共享。

1∶50万数字地质图空间数据库是用GIS工具完成的我国第一个全国性的数字地质图数据库系统。基于PC机和国产GIS软件完成。以MapGIS作为输入数据、矢量化、数据检查、编辑、建库及运行基础平台，实现了按空间范围、不同比例尺、不同投影方式和不同地质、地理内容等的任意检索；在GIS与计算机辅助制图技术的结合上进行创新，通过对MapGIS进行二次开发，实现了从属性库自动生成图例及按图例进行分类检索的功能，在自动编图、制图方面向前迈进了一步。这在我国大型地质图数据库的建设与地质编图概念与技术上取得了具有现代化水平的突破。

1∶50万数字地质图空间数据库已向全社会提供，被广泛使用。该成果取得了国家科技进步二等奖。1∶50万数字地质图空间数据库可作为编制各种同比例尺专题图件的基础地质信息库，也可作为编制更小比例尺地质图的基础地质信息库，为本次矿产预测工作奠定了基础。

(三)1∶20万数字地质图数据库

全国1∶20万数字地质图空间数据库是基于1∶20万区域地质调查成果，部分综合近年地质工作成果，由原地质矿产部地质调查局、中国地质调查局、各省(区)原地勘(矿)局(厅)、各省(区)地质调查院或地质调查信息工作部门、中国地质调查局发展研究中心、中国地质环境监测院等单位历经8年(1995—2002)共同完成的空间数据库。

该数据库是使用最广泛的地质工作用图，在基础地质调查、矿产资源调查评价与勘查、地下水资源调查评价与勘查、地质灾害调查评价、地质环境调查评价、农业地质调查评价、工程勘察等方面有重要的使用价值。数据建立在ArcGIS和MapGIS平台上，包含光栅地质图、矢量化地质图(制图数据)、基于GIS的数字地质图和基于GIS的数字地质图空间数据库4种数据产品形式。空间数据坐标系统包括毫米单位高斯投影和以度、秒为单位的无投影地理坐标系，以及元文件、图示图例库等数据。

数据集以标准图幅为单位，数据按“原汁原味”原则处理，未套改，因工作单位不同，编图地质观点不一致，建库单位不同、年份不同，导致MapGIS系统库不一致，未统一MapGIS版本，拓扑错误较多，属性填写不全，属性内容不规范，未进行接边拼图处理，未包含地形信息，部分图幅无图外整饰内容。

该数据库采用规定的文件夹形式存储数据集，采用了公开的数据格式，产品化程度高；可向使用者提供ArcGIS和MapGIS空间数据格式；无管理软件，查询检索不方便。此数据集可用于等于或小于1∶20万比例尺的基础地质信息的空间分析和应用，是编绘比例尺小于1∶20万地质图的基本资料，也是本次矿产预测的基础数据之一。

西北地区1∶20万数字地质图空间数据库共涉及333幅地质图数据，其中新疆152幅、青海93幅、甘肃48幅、宁夏7幅、陕西33幅，属于全国1∶20万数字地质图空间数据库的一部分。

二、矿产地数据库

全国矿产地数据库建设项目是中国地质调查局下达的国土资源大调查项目，该项目于1999年启动，由发展研究中心负责，各省（区、市）地质调查院参加，2002年甘肃省地调院提交成果，2003年和2004年对矿产地数据库进行了维护，再次提交了成果，2004年发展研究中心对全国分省建立的矿产地数据库进行了综合整理。全国原工业部门等有关地勘单位的矿产地数据库建设工作自2001年开始，由发展研究中心负责，中国有色金属矿产地质调查中心、中国冶金地质勘查工程总局、中国核工业地质局、中国煤田地质总局、中国建材工业地质勘查中心、中国明达化工矿业总公司、武警黄金指挥部参加，2003年完成了相关矿种的矿产地数据库数据采集和数据库建设工作。2005年中国地质调查局设立项目，对上述建立的两个矿产地数据库进行综合，建立了完整、权威的全国矿产地数据库。

全国矿产地数据库全面系统地收集了全国行业系统各单位完成的包括固体矿产、能源矿产（不含油气矿产）、化工原料非金属矿产、建筑材料非金属矿产等大中小型矿产地和矿点及矿化点的资料，提供我国开展矿产资源调查及相关地质调查工作以来所发现的33 794个大中小型矿床、矿点及重要矿化点等矿产地信息，以及800个典型矿床的矿区地质图、矿区重要剖面图数据。总数据量20GB，其中属性数据量约100MB。数据库格式为MS ACCESS 2000。资料截止时间为2000年，在数据库建设过程中，把数据质量视作数据库的生命，从数据采集和录入、数据质量检查、数据逻辑机检、全国汇总等各个环节，都制定和采取了严格的监控措施，保证了数据库的可靠性、准确性、权威性。

属性数据中包括矿产地基本信息，如矿区地质情况、矿体特征、煤层特征、主要采煤层、勘查区（井田）资源量、矿产储量、选矿试验、开采技术条件、矿床技术经济评价、矿产勘查工作概况以及图形数据。

数据库采用功能齐全、实用性强的数据库应用系统，全国矿产地数据库应用系统利用MapObjects 2.2和Microsoft Visual Basic 6.0开发，脱离GIS平台，适用于Windows 2000/XP操作系统。技术先进适用、功能齐全、性能稳定，主要包括数据管理、数据查询、数据维护、数据检查、数据输出、空间分析、多媒体演示和系统帮助等模块，是集数据源与应用为一体，空间数据与非空间数据库共存，实现对矿产地数据库进行数据管理、数据查询、检索、编辑维护、空间分析、数据统计、数据输出及图形自动形成等多功能的数据库管理应用系统，极大地提高了数据库的信息服务和应用功能，能够满足管理部门和科研人员对矿产地数据管理与查询的基本需要。

矿产地数据建库对我国的固体矿产地进行了全面系统的整理和建库，实现了方便快捷的查询检索。该数据库的完成有助于摸清我国资源“家底”，为进一步做好资源潜力评价和矿产资源预测提供基础数据。

三、工作程度数据库

全国地质工作程度数据库于2001年正式启动，到2004年6月完成，由中国地质调查局发展研究中心承担，组织全国31个省（区、市）的有色、冶金、煤炭、核工业、建材、化工、武警黄金指挥部、中国老科协地矿分会和中国地质调查局航空遥感中心等40多个省部市级单位参加，共765人次参加数据库建设工作，历时三年半。该数据库较全面系统地收集和整理了全国20世纪的地质成果资料，是目前国内包含地质专业种类最全、覆盖范围最广、数据量最多的全国地质工作程度空间数据库。2006—2010年中国地质调查局立项由发展研究中心负责，各省地质调查院对该数据库进行了全面维护，补充了2000—2009年的工作程度数据。

全国地质工作程度数据库包括地质工作程度面元矢量数据，包含区域地质调查、地球物理勘查、地球化学勘查、矿产勘查、水文地质调查、工程地质调查和环境地质调查等8类地质专业。矿产地点元矢量数据，涵盖有色金属、黑色金属、贵金属、稀有稀土金属、能源、非金属和水气矿产等13个矿种系列。矿区实物工作量关系型数据，涉及钻探、槽探、坑探等主要实物工作量。开发了数据库管理系统，具有数据查询，数据输出，数据库维护，系统帮助，自动形成图例、图式等各种功能。

数据库结构合理、内容适用齐全。为充分表达地质工作程度的空间分布和工作内容，按地质工作的性质和比例尺，建立了132个空间数据图层；按工作简况、项目成果、资料保存等设置了31项属性数据项；按矿产种类建立了13个矿产地空间数据图层和设置了反映矿产地的矿种、规模等内容的11项属性数据项。

为满足用户对数据库使用需求，根据当前我国地质工作普遍采用MapGIS、ArcInfo或ArcView等GIS软件系统的特点，项目分别在这3个平台上开发和研制了数据库管理应用及其他辅助系统，对"全国地质调查工作程度数据库"进行系统管理，实现数据的空间剪裁、属性检索、投影变换、图框图例生成、图件编辑输出等功能，以使社会各界方便、高效地使用全国地质工作程度数据库，了解和掌握已有地质工作程度信息，使地质工作规划和部署更具科学依据，避免工作投入的重复和浪费，同时也减轻了地质工作者在申请项目时编制工作程度图的负担。

四、区域重力数据库

全国区域重力数据库由中国地质调查局发展研究中心及陕西第二物探大队完成，历时3年，于2003年提交使用。全国区域重力数据全面汇集了截至1998年地质矿产部系统完成的所有1∶100万、1∶50万、1∶20万区域重力调查数据，以及地矿部各单位收集与积累的重力数据；收集、整理了1999年以来"国土资源大调查"专项部署完成的青藏高原6个1∶100万图幅和遍布全国的78个1∶20万图幅的区域重力调查成果数据；及时将相关成果数据进行检查和整理入库；收集了部分省和单位截至2000年的数据。2004—2005年对全国区域重力数据库进行了维护和完善。2004年整理入库了已完成验收的23幅1∶20万图幅和3幅1∶100万图幅的区域重力调查成果数据2万多个点。

全国区域重力数据库最终完成共计255个1∶20万图幅的1∶20万数据、84个1∶20万图幅的1∶50万数据、27个1∶100万图幅的1∶100万数据。共超过96.68万个区域重力测量点数据，总数据量236.5MB。同时整理和补充全国1km×1km节点高程数据库。重新整理和全面录入了441个1∶10万图幅的高程数据；根据重力地形改正工作需求，收集与整理了我国西南地区及边境以外30km范围的1km×1km节点高程数据，通过空间无缝拼接形成了覆盖全国陆域和境外30km范围的1km×1km节点高程数据库。该高程数据库可以满足我国境内任一重力测点进行远区地形改正的需要，为我国境内重力测量的地形改正工作提供了可靠的高程数据支持，且具有更广泛的重要实用价值。

区域重力调查数据库，全面按照《区域重力调查规范》的"五统一技术要求"(统一重力基本网(1985)、统一坐标系(北京54)和国家高程基准(1985)、统一正常重力场公式、统一地改半径、统一中间层密度)要求进行了数据整理、录入及100%质量检查；制定和实施了严格的《区域重力数据库入库质量控制办法》，使入库数据的错误率小于万分之一。

同时基于微机Windows 2000/XP操作系统和GIS平台，研发了集数据可视化管理、数据整理、预处理和处理功能于一体的“区域重力信息系统 RGIS2006”，具有数据入库、数据查询、专题图制作、数据输出及数据库维护等功能，入库数据资料包括重力基点网数据表、高程数据表、重力工区参数信息表、工区范围表、重力数据表、元数据等内容。为我国区域重力数据管理与应用纳入正规化奠定了基础，推动了我国区域重力资料管理水平和应用上一个新台阶，全国区域重力数据库建设荣获 2011 年国土资源科学技术二等奖。

新建立的全国区域重力数据库基于微机 Windows2000/XP 操作系统和 GIS 平台，并建立了与区域重力数据库关联的基于统一 GIS 系统平台的高程数据库。

区域重力数据库具备可视化数据库管理、常用数据处理与异常图制作功能。提供的区域重力数据库管理系统，具有数据入库、数据查询、专题图制作、数据输出及数据库维护等功能，并能提供元数据。全国区域重力数据库包括重力基点网数据表、高程数据表、重力工区参数信息表、工区范围表、重力数据表等内容。

五、全国航磁数据库

全国航磁数据库于 2002 年由中国国土资源航空物探遥感中心(现更名为中国地质调查局自然资源航空物探遥感中心)开始建设，主要是中国国土资源航空物探遥感中心和省航测队的航磁模拟资料数字化与建库(省级航磁数据库)。全国已完成航磁数据整理，数据库目前可以提供全国 2km×2km 的网格数据，对局部地区可以提供 1km×1km 的网格数据。

全国航磁数据库汇集了航空磁测数据和相关信息，主要内容包括坐标数据参数、磁力值、航磁工区参数信息等。其中，坐标数据记录与磁力值对应的坐标值，磁力值记录航空磁测 ΔT 数据，航磁工区参数记录磁测中工作区有关工作单位、时间、设备、飞行高度、测量精度等信息。

六、全国遥感影像图数据库

全国遥感影像图数据库由中国国土资源航空物探遥感中心承担建设，从 2002 年开始历时 3 年，于 2005 年完成并提供使用。

遥感影像地图由陆地卫星 ETM 图像制成，卫星图像数据时间跨度 5 年。地理信息采自 1：5 万～1：10 万地形图，三色合成、色彩鲜艳、地学信息丰富，图件按国家标准 1：25 万分幅编制。数据库 1：25万标准分幅影像地图除覆盖全国陆域、海南岛、港、澳、台外，全部跨越国界充满图幅。

七、全国区域地球化学数据库

全国区域地球化学数据库建设开始于 2001 年，历时 5 年，于 2005 年完成。全国区域地球化学数据库汇集了全国 28 个省(自治区、直辖市)2002 年以前开展的 1：20 万和 1：50 万水系沉积物样品数据，包括 1：20 万比例尺的 4km^2 一个组合样，以及 1：50 万比例尺的 16～32km^2 单点样的 39 种元素和氧化物数据。目前已汇集的 1：20 力和 1：50 力区域化探 39 种元素和氧化物测试数据，共计数据点 142 万个，近 5540 万个数据(39 种元素和氧化物)，涉及 1：20 万图幅 1299 幅，1：50 万图幅 18 幅。区域地球化学数据库管理系统具有数据库管理、可视化图形显示与数据检索、地球化学数据处理与分析、数据转换和成果图示与输出等功能。

西北地区区域地球化学数据库是中国地质调查局于2006年6月下发的。该数据库数据可导入到中国地质调查局开发的GeoExpl系统中进行应用，根据不同用途进行数据处理与分析，编制西北地区区域地球化学系列图件。该数据库数据格式为Access，数据大小为63.3MB，数据范围包括西北五省（自治区）及内蒙古自治区西部（经度范围97.231 41～109.999 8；纬度范围39.056 63～42.666 9）的化探数据。该数据库汇集了西北五省（自治区）及内蒙古自治区西部的39种元素和氧化物测试数据，共有354 940条记录，其中陕西27 185条、甘肃85 364条、宁夏10 748条、青海80 516条、新疆116 833条、内蒙古西部34 294条。

八、自然重砂数据库

全国有27个省（区、市）共950人次先后参加数据库建设工作，历时6年，于2006年完成。全国1∶20万自然重砂数据库系统收集整理了全国27个单位1∶20万区域地质调查和部分1∶20万区域化探测量工作中所采集的自然重砂原始样品分析鉴定资料，资料截止时间为1999年。按照统一标准完成了全国1053个1∶20万图幅的自然重砂数据库建设，数据覆盖范围涉及除港、澳、台外的29个省（区、市），覆盖全国陆地面积约71%。入库的自然重砂样品点有1 944 190个，总计20 003 868件自然重砂鉴定数据，总数据量为9.4GB。

全国1∶20万自然重砂数据库提供原地矿系统区域地质调查所形成的自然重砂数据信息，包括图幅基本信息数据文件、样品基本信息数据文件、重砂鉴定结果数据文件、重砂鉴定结果不定量值的表示方法和量化值的数据文件，并分别按全国、省、单图幅建库，分级建立了全国、数据生产单位、1∶20万单图幅元数据库。结合自然重砂信息在基础地质研究、矿产资源评价等方面的实际应用，建立了全国1∶20万汇水盆地数据库，每个汇水盆地控制面积为10～25km^2，总数据量为1.2GB。

西北地区1∶20万自然重砂数据库数据及应用系统是中国地质调查局于2006年6月下发的，建库资料截至2003年。该库是根据《自然重砂数据库建设工作指南》（2002年8月修订稿）建立的。通过收集整理各省（区、市）1∶20万自然重砂原始样品分析鉴定报告、重砂样品采样分布图以及野外记录本等原始资料，建立了各省1∶20万自然重砂数据库。其目的是实现全国基础地学数据信息共享，提高其利用程度和使用价值，并为地质科学的信息化、网络化建设提供数据源。该数据库数据格式为MS Access 2000、MapGIS，数据量为492MB。属性数据内容包括图幅基本信息、样品基本信息、重砂鉴定结果、重砂鉴定结果不定量值的表示方法和量化值、自然重砂点位属性。

第二节 基础数据更新维护

矿产资源潜力评价工作既是一个资料开发应用的过程，也是一次对现有数据进行整理和维护的过程。在现有数据库成果的基础上，主要由省级潜力评价项目组采集补充各专业新的数据资料，包括矿产资源预测所需要的各种大比例尺数据资料、矿区勘查资料、专题研究资料，形成了可以提取各类找矿信息的符合各项技术标准的基础数据库。西北大区项目组在省级维护基础上，进行了维护成果的集成汇总。

一、更新维护标准与要求

按照全国总项目的统一安排，大量的基础数据库的更新与维护工作将在全国各专业项目组与西北片区项目组共同指导下，由西北各省(区)按照全国数据与计算机集成汇总项目组规定的数据更新与维护统一软件平台、统一修改的建库指南的要求进行，并负责完成。为确保数据质量，西北片区项目组根据数据库维护及更新技术要求，对各省级单位维护情况进行跟踪检查并及时向全国项目组反映，同时注意协调各省数据汇总工作。具体的数据维护、质量监控与验收方法依据下列技术要求：

(1)中国地质调查局工作标准《矿产地数据库建设工作指南》(修订版)；

(2)中国地质调查局工作标准《全国地质工作程度数据库》(2006 年 9 月修订)；

(3)中国地质调查局工作标准《自然重砂数据库建设工作指南》(2002 年 8 月修订)；

(4)中国地质调查局工作标准《地质图空间数据库建设工作指南》(2.0 版)；

(5)《全国 1∶50 万数字地质图数据库地质图维护技术手册》(2006 年 10 月)；

(6)《中华人民共和国 1∶250 万数字地质图空间数据库维护技术附件》(2006 年 10 月)；

(7)中国地质调查局发展研究中心《区域地球化学管理信息系统用户使用手册》；

(8)中国地质调查局发展研究中心《区域重力数据库信息系统使用手册》；

(9)《区域重力调查规范》(DZ/T 0082—1993)；

(10)《地质矿产术语分类代码》(GB/T 9649—1988)；

(11)《全数字式日期表示法》(GB/T 2801—1981)；

(12)《行政区划代码》(GB/T 2660—1995)；

(13)《数字化地质图图层及属性文件格式》(DDB 9701)；

(14)《地质矿产部单位代码》(DZ 58—1988)；

(15)《中华人民共和国行政区划代码》(GB 2260—1999)；

(16)《区域地质图图例(1∶500 00)》(GB 958—1989)；

(17)《国家基本比例尺地形图分幅和编号》(GB/T 13989—1992)；

(18)《地理信息技术基本术语》(GB/T 17694—1999)；

(19)《区域地质调查总则(1∶500 00)》(DZ/T 0001—1991)；

(20)《GIS 图层描述数据内容标准》(DDB 9702)；

(21)《资源评价工作中地理信息系统工作细则》(DDZ 9701)；

(22)《地质图用色标准及用色原则》(DZ/T 0179—1997)；

(23)《地质资料档案著录细则》(DA/T 23—2000)。

同时，全国重要矿产资源潜力评价综合信息集成项目组研究制定了系列基础地质数据库维护技术要求，主要针对评价工作所需要的已有各类数据库进行数据整理和维护，补充采集各种新的数据资料(资料截止日期：2006 年 12 月)，最终形成可以提取各类找矿信息的符合各项技术标准的基础数据库。基础地质数据库维护技术要求涉及 8 个专业领域(区域地质、矿产地、重力、化探、自然重砂、地质地理、典型矿床研究等)，约 14 万字。具体为：

(1)1∶250 万地质图空间数据库维护技术要求；

(2)1∶50 万地质空间数据库维护技术要求；

(3)省级矿产地数据库维护技术要求；

(4)区域重力数据库维护技术要求(1∶20万、1∶50万、1∶100万);
(5)区域化探数据库维护技术要求(1∶20万、1∶50万);
(6)自然重砂数据库维护技术要求;
(7)全国地质工作程度数据库维护技术要求;
(8)地质地理底图数据库维护技术要求;
(9)典型矿床数据库建库技术要求;
(10)二轮区划数据库维护技术要求;

二、更新维护内容

基础数据库维护工作主要由西北五省(自治区)省级项目承担单位完成,一方面对原数据库中的数据内容进行检查,形成数据质量检查监控表,对存在不完善及错误之处进行更正;另一方面,收集、整理各省各行业的国土资源大调查、资源补偿费矿产勘查、地方专项、商业性地质勘查项目信息,补充完善原来完成的地质基础数据库,资料截止日期为2007年12月底。

1∶20万区域地质图空间数据库维护工作内容有两个方面:一方面对于套改图幅,按照"原汁原味"原则进行数据库重建;另一方面,将所有图幅所用符号库统一替换为全国矿产资源潜力评价图示图例系统库。

矿产地数据库维护按照《矿产地数据库建设工作指南》和相关技术要求,进一步补充完善原矿产地数据库,收集整理本省与本次矿产资源潜力评价工作有关的25个矿种(煤炭、铀、铁、铜、铝、铅、锌、锰、镍、钨、锡、钾、金、铬、钼、锑、稀土、银、硼、锂、磷、硫、萤石、菱镁矿、重晶石)的大中小型矿床和矿点与矿化点信息(资料截止日期2005年12月),包括本省全行业的大调查项目、资源补偿费项目、地方专项以及社会商业性项目有关成果资料,为矿产资源潜力评价工作提供直接信息。

地质工作程度数据库的重要特征是资料的齐全性,本次更新主要针对资料室(馆)存档保管的各专业地质报告、单独立项的各类地质工作成果或资料、国土资源大调查、资源补偿费矿产勘查、商业性地质勘查等项目,增补区域地质调查、矿产勘查、地球物理勘查、地球化学勘查、遥感地质调查、水文地质调查、工程地质调查、环境地质调查和海洋地质调查9个地质专业相关资料。

重力、航空磁测、地球化学数据库的更新维护,主要是指对下发数据进行检查、更新和完善,对错误的数据进行更正,根据全国矿产资源潜力评价工作需要对数据进行补充(包括新生产的数据、数据库建设时遗漏收集的数据)。

三、更新维护流程

基础地学数据库是矿产资源潜力评价的数据基础,其质量的好坏直接关系到评价预测结果的可靠性,而它的维护更新工作流程的合理性与科学性是保障基础数据库质量的重要环节。图1-1所示的是基础数据库维护的一般工作流程。具体到每一个数据库的维护与更新,各库在维护工作中必须根据其相应的特点(如基础数据库、空间数据库),以及数据库维护技术方法的差异,制定适当的流程。

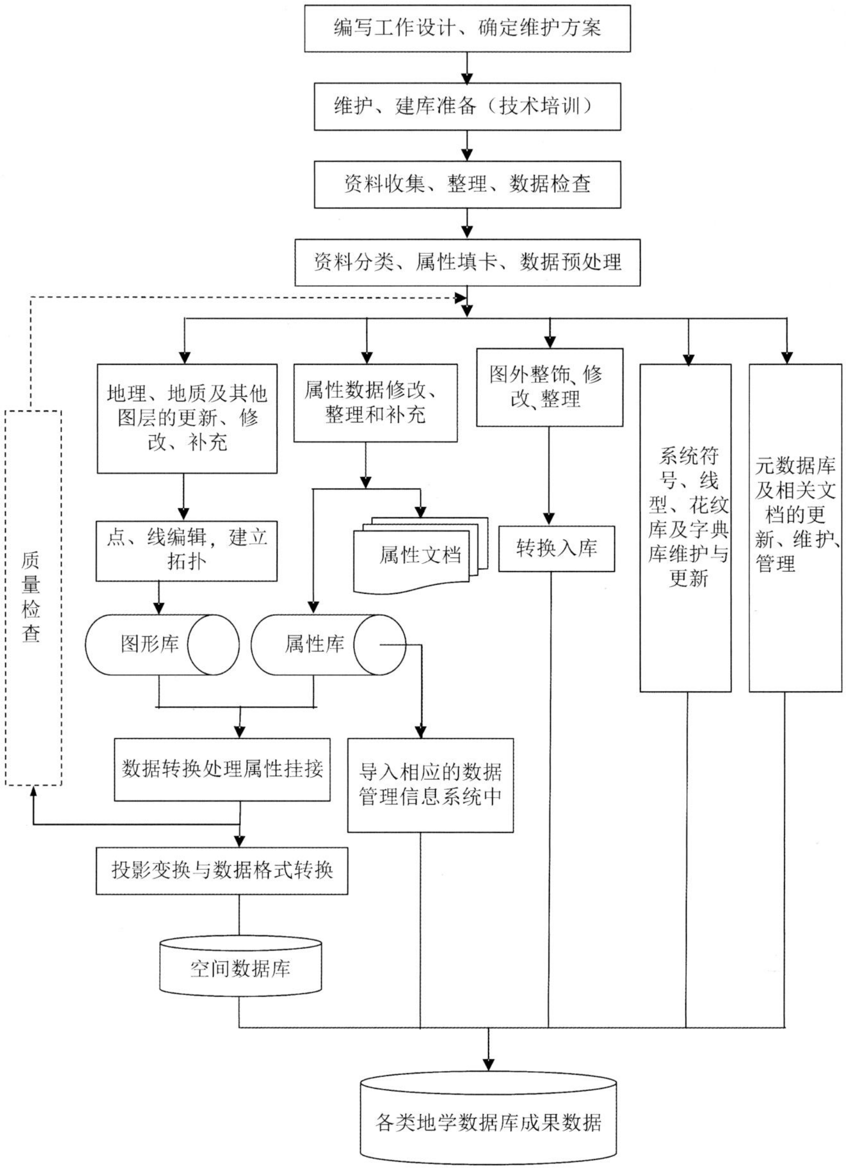

图 1-1　基础地质数据库维护流程图

第三节　基础数据汇总

为了确保数据库更新维护成果汇总的质量，总体上减少汇总的环节，在西北五省（自治区）更新维护的基础上，根据检查验收意见修改后，全国重要矿产资源潜力评价综合信息集成项目组和西北大区矿产资源潜力评价综合信息集成课题组一起对数据进行汇总。汇总集成按照如下方法进行：

(1)汇总集成工作由全国重要矿产资源潜力评价综合信息集成项目组和相关全国专业汇总组共同完成，由全国重要矿产资源潜力评价综合信息集成项目组提出要求，由专业人员按照要求进行专业数据检查和汇总。

(2)检查和汇总的过程以满足矿产资源潜力评价专业需求为目的，按照信息集成统一的数据格式（维护技术要求）进行整理。

(3)所有汇总后的数据均拷贝给各专业汇总组一份，供矿产资源潜力评价汇总组使用。

(4)所有的数据，经过汇总后进入到各专业数据库中，进行统一管理。

最终，西北项目组在收集、消化、整理西北五省(自治区)基础地质数据库的基础上，进行了更新成果的集成汇总，形成了西北地区工作程度数据库、矿产地数据库、区域重力数据库、自然重砂数据库、地球化学数据库、遥感数据库(资料截止日期为 2007 年 12 月底)(表 1-1)。

本书重点针对西北工作程度数据库、西北矿产地数据库，对原数据库中不完善及错误之处进行完善和更正，补充了省级新增数据，经更新维护的西北地区工作程度数据库总数据量达到 18 511 条记录，矿产地数据库达到 8889 条记录。对于西北重力数据库、磁测数据库、区域地球化学数据库、遥感数据库、自然重砂数据库，用各省更新的原始数据进行了局部替换，形成了最终的覆盖西北五省(自治区)的物化遥基础数据库。

表 1-1　西北五省(自治区)基础地质数据库维护工作量表

省份		新疆	青海	甘肃	宁夏	陕西	合计
矿产地数据库	新增(个)	253	1684	72	72	263	2344
	更新维护(个)	1810	734	3031	175	830	6580
	总数(个)	2063	2400	3083	250	1093	8889
地质工作程度数据库	新增(条)	2014	1941	306	177	997	5435
	更新维护(条)	5459	2440	270	985	1465	10 619
	总数(条)	7509	4381	2997	1162	2462	18 511
重力数据库	更新观测点(个)	28 600		12 310			40 910
	总数(个)	28 600		12 310			40 910
航磁数据库	更新测区(个)	7	182	3			192
	总数(测区)	34	182	3			219
化探数据库	更新(幅)	25	140		14		179
	总数(幅)	154	247		14		415
遥感数据库	新增资料(景)			0	12		12
	总数(景)			80	12		92
自然重砂数据库	新增资料(幅)	27					27
	总数(幅)	182	83				265
1∶20 万数字地质图数据库	套改还原(幅)	76					76
	总数(幅)	154	101				255

第四节　基础数据质量评述

在基础地质数据库维护汇总过程中，所有工作均由专业人员和信息人员共同完成，确保了信息的完整、准确。所有数据均按照技术要求标准进行统一的规范格式转换和数据质量检查，最后通过数据检查与验收，确保了数据的质量。

1∶20 万区域地质图空间数据库更新维护中，针对新建图幅严格按照区域地质图空间数据库的验收流程进行验收，邀请地质专家、计算机专家分别按照原图比对审查、计算机比对审查和属性人机交互检查3个方面进行;替换图示图例系统库的数据严格比对原图图示图例,确保数据质量。

本次矿产地数据库维护主要以收集资料为目的,为矿产资源潜力评价工作提供全面的矿产地信息,要求全面地收集矿产资源潜力评价所有矿种的矿产勘查信息,但由于时间紧迫,仍有部分矿产地信息没能收集到库中,有些省份由于协调机制没有到位和资金限制,没能全面收集矿产地信息。这些问题将在后续的矿产地数据库更新维护过程中逐步解决。

地质工作程度数据库收集的资料主要来源于地质资料馆,仍有大量资料如开发资料、生产勘查资料、油气资料、煤田资料等没能纳入本次数据维护。

区域重力数据库、地球化学数据库、自然重砂数据库均由各省综合信息集成课题组和专题应用课题组开展维护工作,补充的数据被立即投入矿产资源潜力评价工作中使用,确保了各类数据质量。

第二章　矿产资源潜力评价专题图数据模型

第一节　专题图数据模型

矿产资源评价数据模型是资源潜力评价工作全面、全过程应用GIS信息技术和矿床模型综合地质信息预测方法的基础，因此必须严格执行“统一组织、统一思路、统一方法、统一标准、统一进度”的工作原则。矿产资源潜力评价数据模型通过分析潜力评价工作流程、各专业工作之间的相互关系，建立各专业数据之间的联系，规定专业分类代码、专业图层划分、图层属性结构、统一符号库建设等，实现数据的规范、统一。

其重要性主要体现在两个方面：一方面，它从数据描述与数据表达两方面对总项目将要取得的原始的、中间的以及最终的成果进行了统一规定，使得参与总项目的所有人员有了共同的可用于交流的语言语义，减少了诸多不必要的争论。而且，关于数据描述主要包括地质调查领域专业谱系划分、数据项描述、数据项下属词规定以及空间特征分类的数据表结构规定等；关于数据表达主要包括地质调查领域专题图件与图层分类、图式设计、图例用色规定等。另一方面，它按专业、分层次，对总项目所要取得的原始的、中间的以及最终的成果进行了明确规定，使得参与总项目的所有人员有了共同的可用于遵循的数据模型文本。

从技术层面来看，矿产资源潜力评价数据模型有如下8个方面的基本内容(图2-1)：

(1)地质调查领域专业谱系(包括地理、制图等辅助专业谱系)。

(2)地质调查领域特征(空间与非空间)分类。

(3)特征分类描述，包括数据表结构定义、数据项定义或描述、数据项下属词规定。

(4)统一图例规范，包括线型、符号、花纹、用色等其他规范。

(5)统一图件规范，包括图件类(图件)、图层类(图层)、特征类(特征)、图式、比例尺、空间坐标系统规定及其之间的关系、规则等。

(6)统一数据模型文档，包括全国、片区、省区内容，直接用于其项目实施后的数据结果的格式规范执行标准。

(7)全国矿产资源潜力评价数据库逻辑模型。

(8)全国矿产资源潜力评价数据库物理模型。

从专业层面，全国矿产资源潜力评价数据模型包括两大部分(图2-2)

第一部分，数据模型的专业部分，用于规范各专业数据模型内容：

《全国矿产资源潜力评价数据模型 成矿地质背景分册》

《全国矿产资源潜力评价数据模型 成矿规律及预测分册》

《全国矿产资源潜力评价数据模型 重力分册》

《全国矿产资源潜力评价数据模型 航磁分册》

《全国矿产资源潜力评价数据模型 化探分册》

《全国矿产资源潜力评价数据模型 遥感分册》

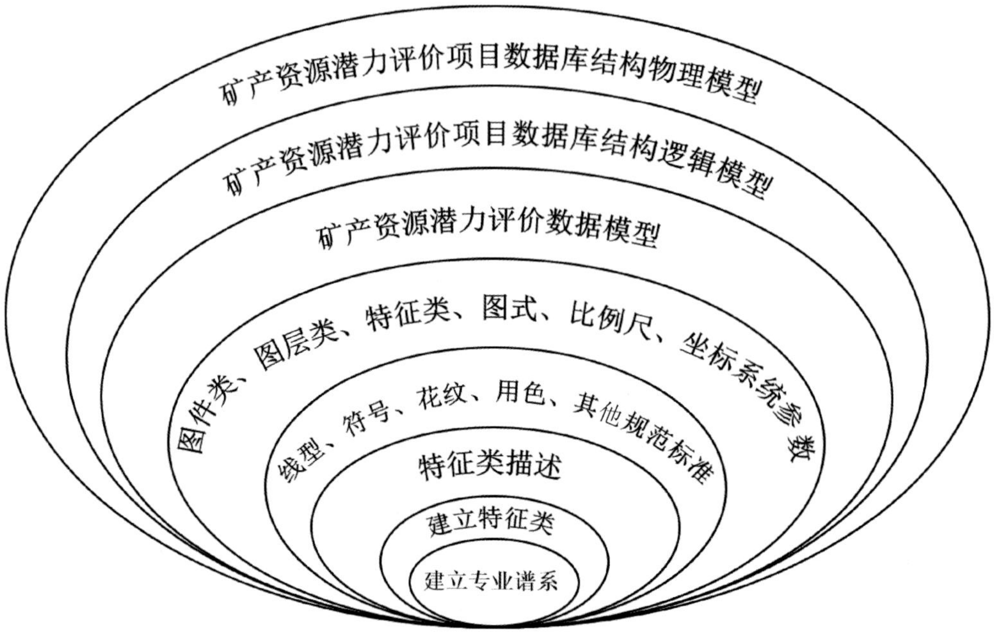

图 2-1　数据模型内容及层次

《全国矿产资源潜力评价数据模型 自然重砂分册》

该部分数据模型主要基于各专题研究及矿产预测的工作技术要求，描述各专题研究及矿产预测数据模型内容，主要包括数据表结构及填写规定、图件与图层、数据库与数据表以及相应代码与命名等，用于规范各专业数据模型的内容。

第二部分，数据模型的公用部分，用于配合、辅助规范各专业的数据模型内容。

《全国矿产资源潜力评价数据模型 通用代码规定分册》

《全国矿产资源潜力评价数据模型 专业谱系及特征分类分册》

《全国矿产资源潜力评价数据模型 数据项下属词规定分册》

《全国矿产资源潜力评价数据模型 年代地层及岩石地层单位分册》

《全国矿产资源潜力评价数据模型 大地构造分区代码规定分册》

《全国矿产资源潜力评价数据模型 成矿区(带)分区代码规定分册》

《全国矿产资源潜力评价数据模型 空间坐标系统及其参数规定分册》

《全国矿产资源潜力评价数据模型 地理信息分册》

《全国矿产资源潜力评价数据模型 元数据规定分册》

《全国矿产资源潜力评价数据模型 统一图例规定分册》

该部分数据模型描述各专题研究及矿产预测的编图及建库过程中所引用的通用代码规定、专业谱系及特征分类代码规定、数据项下属词代码规定、年代地层及岩石地层单位代码规定、大地构造分区代码规定、成矿区(带)分区代码规定、图件表达的空间坐标系及其参数规定、基础地理信息数据表结构定义及图层命名规定、元数据填写与提交规定、基于 MapGIS 软件制图使用统一系统库规定等，主要是数据模型公用部分，用于配合、辅助规范各专业数据模型内容。

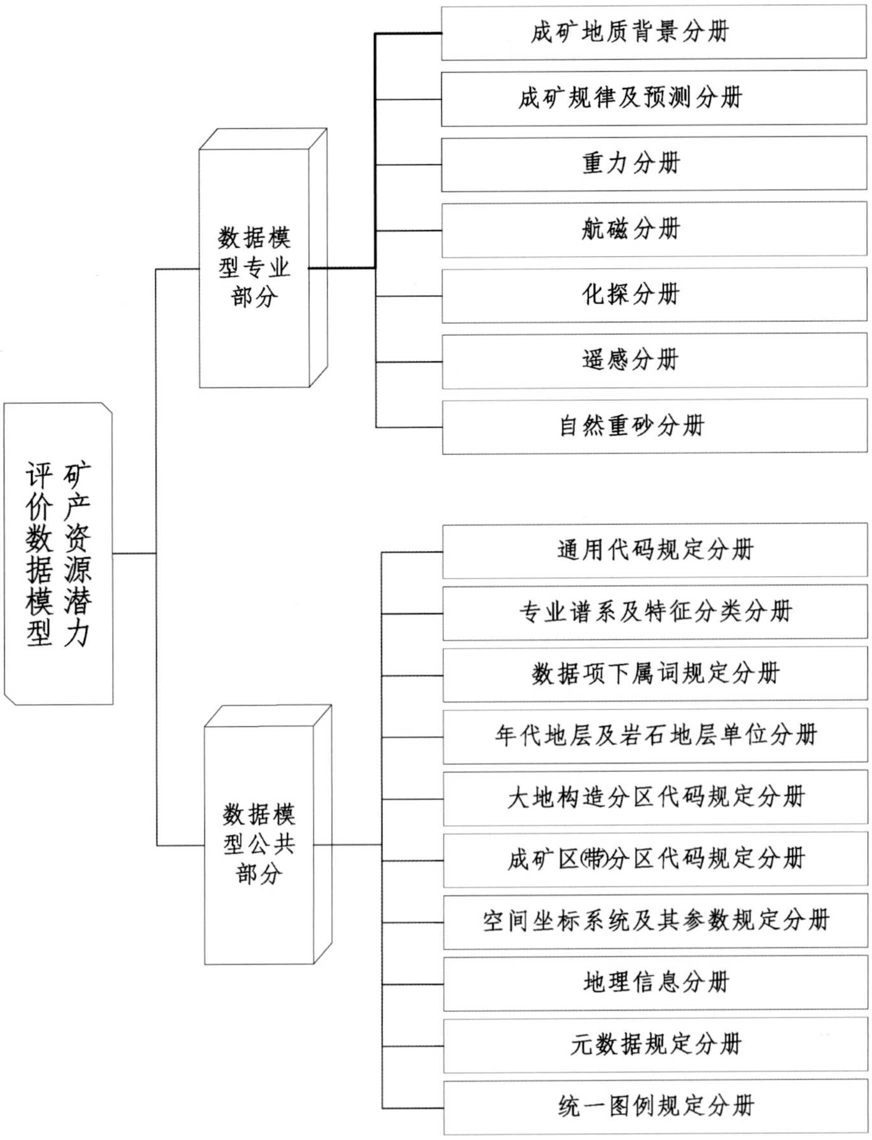

图 2-2 数据模型分类示意图

第二节 专题图件类别

一、专题图件模型框架

本书依据面向对象分析方法，提炼出与图件相关的各类基本对象（或对象类）：图件、图件空间数据集、图件属性数据集、图层、属性表、图元、特征、属性项、空间划分方式、坐标参照系、比例尺、图式、图例……以及这些基本对象的若干属性项，如图层对象的基本属性项有图层名称、图层代码……构成了专业编图图件数据模型的最基本要素。专业谱系与特征分类及其编码体系起分类和标识等基础作用。图件由图件空间数据集与图件属性数据集构成，图件空间数据集由若干图层构成，图层由若干图元构成，图元由图形属性与空间属性构成。图件属性数据集类由若干属性表构成，属性表由若干特征构成，特征由若干专业属性构成，依照特征代码、图元编号建立图元与特征关联。结合面向对象与实体关系等表示法，专业图件数据模型概念框架见图 2-3。

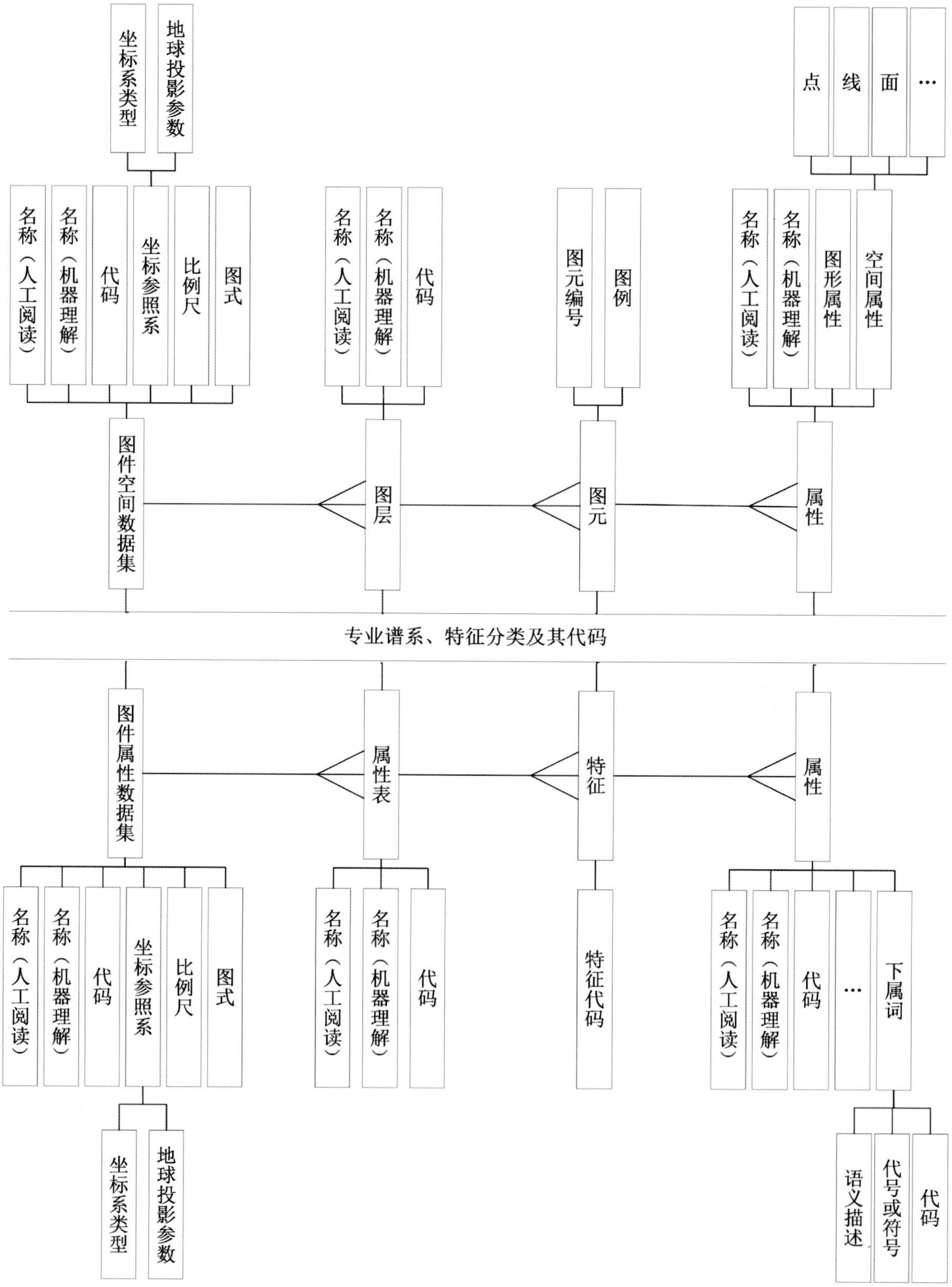

图 2-3　专业图件数据模型概念框架

为了方便专业人员使用，基于图件概要描述（图件中文名、图件计算机使用名、图件代码）和图件图层规定（逻辑图层类别、图层中文名、图层是否有属性表、空间几何特性、图层计算机使用名、图层代码、图元及属性数据来源），专业图件的逻辑模型见图 2－4。

<table>
<tr><td colspan="6">图件的概要信息</td></tr>
<tr><td colspan="3">图件中文名称</td><td colspan="2">图件名称</td><td>图件代码</td></tr>
<tr><td colspan="3">××省（市、自治区）××幅建造构造图</td><td colspan="2">MDZJZGZC××××</td><td>0FBB000C1A×××××××××0</td></tr>
<tr><td colspan="6">图件的图层信息</td></tr>
<tr><td>序号</td><td>逻辑图层</td><td>图层中文名称</td><td>图层名称</td><td>图层代码</td><td>图层及属性来源</td></tr>
<tr><td>1</td><td rowspan="13">建造图层</td><td>沉积建造图层</td><td>LDZ0FBB001</td><td>0FBB001C1A×××××××××0</td><td rowspan="4">本图件新建图层，属于本专业组建立的。</td></tr>
<tr><td>2</td><td>火山岩图层</td><td>LDZ0FBB002</td><td>0FBB002C1A×××××××××0</td></tr>
<tr><td>3</td><td>侵入岩图层</td><td>LDZ0FBB003</td><td>0FBB003C1A×××××××××0</td></tr>
<tr><td>4</td><td>变质建造图层</td><td>LDZ0FBB004</td><td>0FBB004C1A×××××××××0</td></tr>
<tr><td>5</td><td>地质界线图层</td><td>LDZ0FBB005</td><td>0FBB005C1A×××××××××0</td><td>直接引用实际材料图同名层数据</td></tr>
<tr><td>6</td><td>断裂图层</td><td>LDZ0FBB006</td><td>0FBB006C1A×××××××××0</td><td>直接引用实际材料图同名层数据</td></tr>
<tr><td>7</td><td>韧性剪切带图层</td><td>LDZ0FBB007</td><td>0FBB007C1A×××××××××0</td><td>直接引用实际材料图同名层数据</td></tr>
<tr><td>8</td><td>褶皱图层</td><td>LDZ0FBB008</td><td>0FBB008C1A×××××××××0</td><td>直接引用实际材料图同名层数据</td></tr>
<tr><td>9</td><td>侵入岩浆构造带图层</td><td>LDZ0FBB009</td><td>0FBB009C1A×××××××××0</td><td>本图件新建图层，属于本专业组建立。</td></tr>
<tr><td>10</td><td>火山构造图层</td><td>LDZ0FBB010</td><td>0FBB010C1A×××××××××0</td><td>本图件新建图层，属于本专业组建立。</td></tr>
<tr><td>11</td><td>产状要素图层</td><td>LDZ0FBB011</td><td>0FBB011C1A×××××××××0</td><td>直接引用实际材料图同名层数据</td></tr>
<tr><td>12</td><td>同位素年龄图层</td><td>LDZ0FBB012</td><td>0FBB012C1A×××××××××0</td><td>直接引用实际材料图同名层数据</td></tr>
<tr><td>13</td><td>各类地质代号标注图层</td><td>LDZ0FBB013</td><td>0FBB013C1A×××××××××0</td><td>本图件新建图层，属于本专业组建立。</td></tr>
<tr><td>14</td><td>重力推断地质构造图层</td><td>重力推断断裂构造类（线）</td><td>LZLPGDC002</td><td>PGDC002B0B×××××0000</td><td>引用重力专业组××省（市、自治区）1∶50 万重力推断地质构造图的部分图层及其属性。</td></tr>
<tr><td>20</td><td>磁法推断地质构造图层</td><td>磁法推断地质构造图图层</td><td>LHCPGDAC01</td><td>PGDAC01B0B×××××0000</td><td>引用航磁专业组的××省（市、自治区）1∶50 万磁法推断地质构造图的图层及其属性。</td></tr>
<tr><td>21</td><td>地球化学推断构造解译图层</td><td>地球化学推断构造图层</td><td>LHTQGTA001</td><td>QGTA001B0B×××××0000</td><td>引用化探专业组的××省（市、自治区）1∶50 万地球化学推断构造解译图的部分图层及其属性</td></tr>
<tr><td>22</td><td>遥感矿产地质特征解译图层</td><td>遥感推断地质构造图层</td><td>LYGREBA001</td><td>REBA001C1A×××××××××0</td><td>引用遥感专业组的××省（市、自治区）××幅遥感矿产地质特征解译图的部分图层及其属性。</td></tr>
<tr><td>23</td><td>地理图层</td><td>地理图层</td><td></td><td></td><td></td></tr>
<tr><td>24</td><td>整饰图层</td><td>整饰图层</td><td></td><td></td><td></td></tr>
</table>

图 2-4 专业图件的逻辑模型

为了方便定义或描述特征分类（类），基于特征分类名称、特征分类代码、特征分类概念或描述、特征分类属性结构规定（数据项名称、数据项代码、数据类型、存储长度、小数位数、约束条件、默认值、值域、值单位）以及数据项填写规定、数据项概念或描述、数据项填写示例，特征分类（类）的描述模型见图 2-5。

<table>
<tr><td colspan="3">特征分类名称： 分幅实际材料图岩性数据</td><td colspan="4">特征分类代码：
0FBA001C1A×××××
×××× 0</td><td colspan="4">特征分类概念或描述：指实际材料图上划分的岩性及岩石组合特征。</td></tr>
<tr><td>序号</td><td>数据项名称</td><td>数据项代码</td><td>数据类型</td><td>存储长度</td><td>小数位数</td><td>约束条件</td><td>默认值</td><td>值域</td><td>值单位</td><td>数据项填写规定</td><td>数据项词语定义或描述（即数据项词条定义或描述）</td><td>数据项填写举例</td></tr>
<tr><td>1</td><td>特征代码</td><td>FEATUREID</td><td>C</td><td>26</td><td></td><td>NOT NULL</td><td></td><td></td><td></td><td>按特征(或要素)代码规则填写该特征（或要素)的码值</td><td>用于标识特征（或要素）唯一性的码值，其唯一性用于省、或片、或全国级数据库汇总以及作为汇总后的空间数据库连结图形与属性的关键字</td><td></td></tr>
<tr><td>2</td><td>图元编号</td><td>CHFCAC</td><td>C</td><td>6</td><td></td><td>NOT NULL</td><td></td><td></td><td></td><td>按十进制数字码、从“000001”开始顺序填写。</td><td>图元编号是空间数据库（未汇总的）连结图形与属性的关键字，在两者中必须保持一致，按顺序码编写，主要省级用。</td><td></td></tr>
<tr><td>3</td><td>岩石组合</td><td>YSKB</td><td>C</td><td>30</td><td></td><td>M</td><td></td><td></td><td></td><td>按“岩石名称(YSEB)”下属词代码填写</td><td>一套岩石的自然共生组合</td><td></td></tr>
<tr><td>4</td><td>岩性特征</td><td>GCJFLP</td><td>C</td><td>150</td><td></td><td>M</td><td></td><td></td><td></td><td>描述主要岩性特征</td><td>主要岩性特征</td><td></td></tr>
<tr><td>…</td><td>…</td><td>…</td><td>…</td><td>…</td><td>…</td><td>…</td><td>…</td><td>…</td><td>…</td><td>…</td><td>…</td><td>…</td></tr>
</table>

图 2-5 特征分类描述模型

二、专题图件种类及其联系

矿产资源潜力评价的重要工作之一就是依据各专业研究工作技术要求开展资料收集、整理、编图及研究工作。本次矿产资源潜力评价所编图分为三大类：矿产资源潜力评价基础地质图件、矿产资源潜力评价综合信息图件、矿产资源潜力评价预测成果图件，累计图件种类 103 种，图件种类名称及联系（包括三大类图件内部和三大类图件之间联系）见图 2-6、图 2-7、图 2-8。

(一)矿产资源潜力评价基础地质图件类及其联系

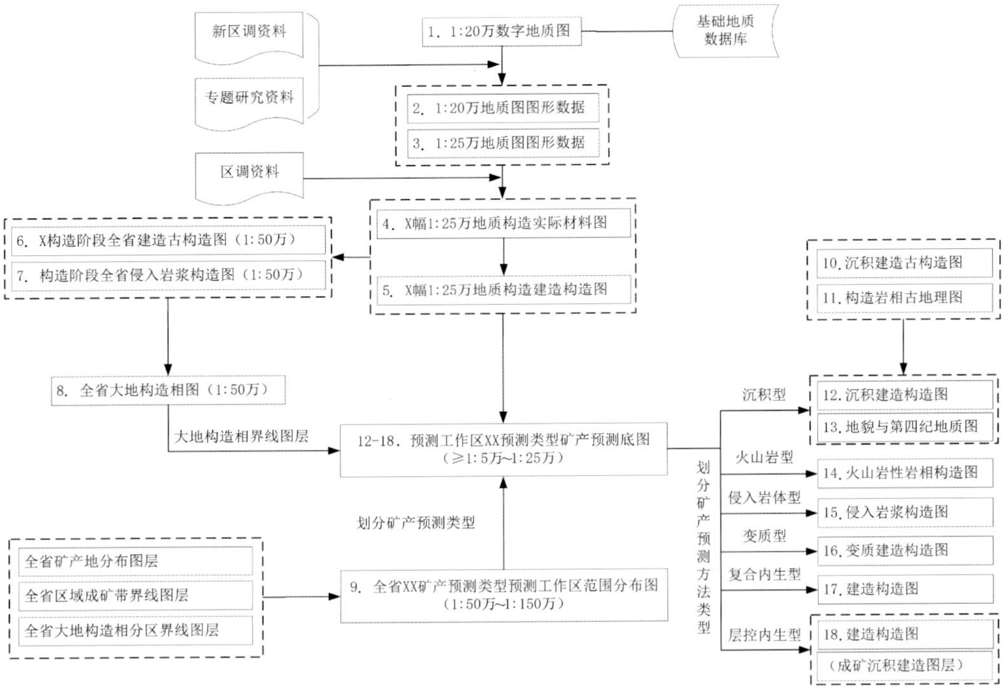

图 2-6　矿产资源潜力评价基础地质图件类及其联系

(二)矿产资源潜力评价综合信息图件类及其联系

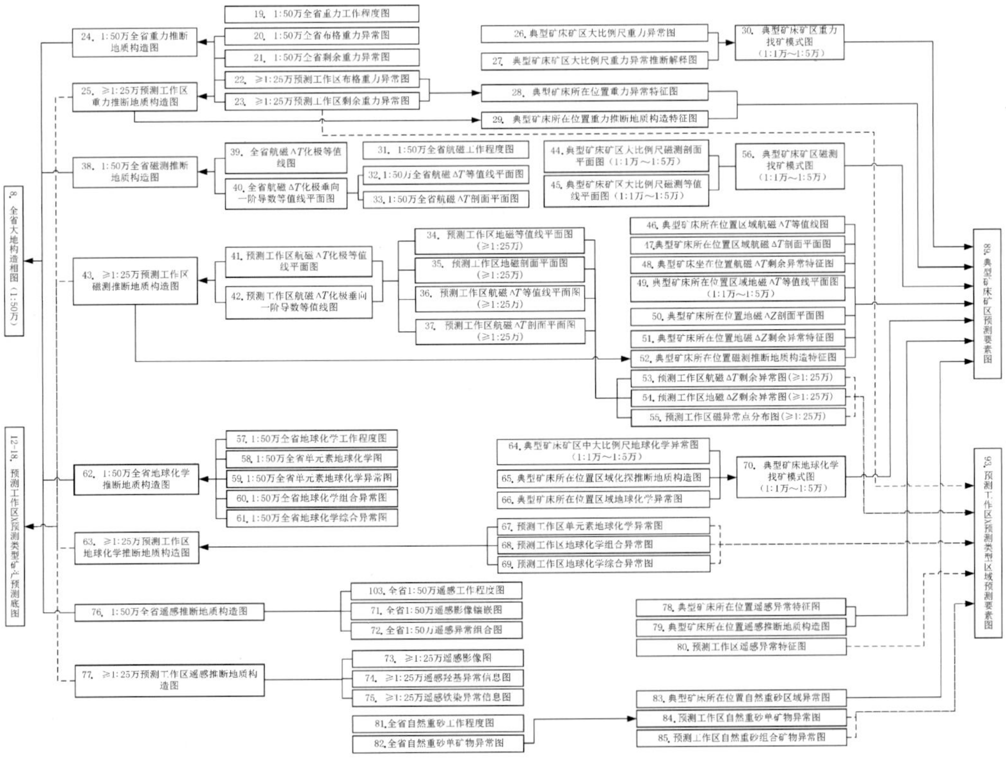

图 2-7　矿产资源潜力评价综合信息图件类及其联系

（三）矿产资源潜力评价预测成果图件类及其联系

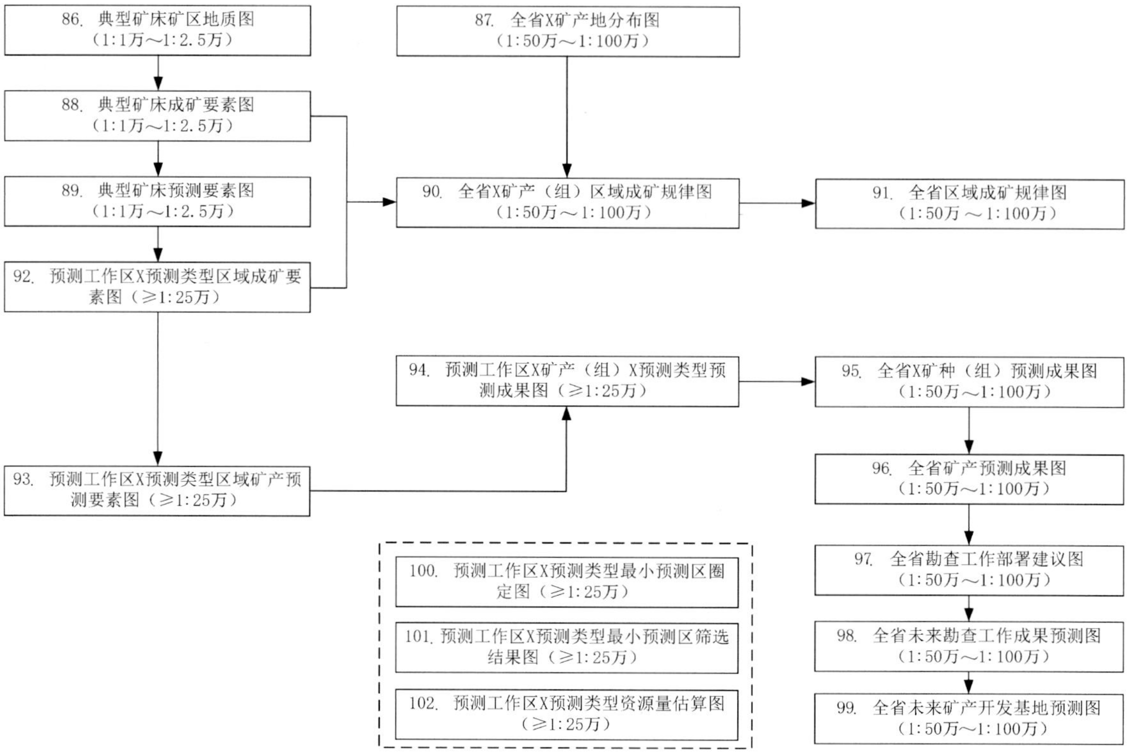

图 2-8　矿产资源潜力评价预测成果图件类及其联系

第三节　专题图件清单

按专业或专题划分，矿产资源潜力评价专业编图图件种类还可分为成矿地质背景研究图件类、成矿规律研究图件类、矿产预测研究图件类、重力资料应用图件类、磁测资料应用图件类、化探资料应用图件类、遥感资料应用图件类、自然重砂资料应用图件类。以下简单列出各专题主要图件种类清单，各图件数据模型具体内容详见《成矿地质背景研究数据模型》《成矿规律研究数据模型》《矿产预测研究数据模型》《重力资料应用数据模型》《磁测资料应用数据模型》《化探资料应用数据模型》《遥感资料应用数据模型》《自然重砂资料应用数据模型》。

一、成矿地质背景研究图件

《成矿地质背景研究数据模型》以《成矿地质背景研究技术要求》为基础，系统地说明了成矿地质背景研究所编图件的主要种类、基本要求、工作流程、相关专业谱系与特征分类、图件分层及图层属性结构定义、相关代码规定、编图空间参考与编图比例尺要求、编图说明书以及图件元数据要求等内容。成矿地质背景研究所编图件主要种类如下：

(1)×幅 1∶25 万实际材料图；

(2)×幅 1∶25 万建造构造图；

(3)×省(市/区)×预测工作区构造岩相古地理图；

(4)×省(市/区)×预测工作区沉积建造构造图；
(5)×省(市/区)×预测工作区地貌与第四纪地质图；
(6)×省(市/区)×预测工作区火山岩性岩相构造图；
(7)×省(市/区)×预测工作区侵入岩浆构造图；
(8)×省(市/区)×预测工作区变质建造构造图；
(9)×省(市/区)×预测工作区建造构造图；
(10)×省(市/区)省级大地构造相图。

二、成矿规律研究图件

《成矿规律研究数据模型》以《重要矿产和区域成矿规律研究技术要求》为基础，系统地说明了成矿规律研究所编图件的主要种类、基本要求、工作流程、相关专业谱系与特征分类、图件分层及图层属性结构定义、相关代码规定、编图空间参考与编图比例尺要求、编图说明书以及图件元数据要求等内容。成矿规律研究所编图件主要种类如下：

(1)×省(市/区)省级矿产预测类型分布图；
(2)×典型矿床成矿要素图；
(3)×省(市/区)×预测工作区区域成矿要素图；
(4)×省(市/区)省级×矿种或矿组区域成矿规律图；
(5)×省(市/区)省级区域成矿规律图。

三、矿产预测研究图件

《矿产预测研究数据模型》以《矿产定量预测方法》为基础，系统地说明了矿产预测研究所编图件的主要种类、基本要求、工作流程、相关专业谱系与特征分类、图件分层及图层属性结构定义、相关代码规定、编图空间参考与编图比例尺要求、编图说明书以及图件元数据要求等内容。矿产预测研究所编图件主要种类如下：

(1)×典型矿床预测要素图；
(2)×省(市/区)×预测工作区区域预测要素图；
(3)×省(市/区)×预测工作区×矿产预测类型预测成果图；
(4)×省(市/区)省级×矿种或矿组预测成果图；
(5)×省(市/区)省级×矿种或矿组勘查工作部署图；
(6)×省(市/区)省级×矿种或矿组未来矿产开发基地预测图。

四、重力资料应用图件

《重力资料应用数据模型》以《重力资料应用技术要求》为基础，系统地说明了重力资料应用所编图件的主要种类、基本要求、工作流程、相关专业谱系与特征分类、图件分层及图层属性结构定义、相关代码规定、编图空间参考与编图比例尺要求、编图说明书以及图件元数据要求等内容。重力资料应用所编图件主要种类如下：

(1)×典型矿床布格重力异常图；

(2)×典型矿床剩余重力异常图；

(3)×省(市/区)×预测工作区重力推断地质构造图；

(4)×省(市/区)×预测工作区重力工作程度图；

(5)×省(市/区)×预测工作区布格重力异常图；

(6)×省(市/区)×预测工作区剩余重力异常图；

(7)×省(市/区)省级重力推断地质构造图；

(8)×省(市/区)省级重力工作程度图；

(9)×省(市/区)省级布格重力异常图；

(10)×省(市/区)省级剩余重力异常图。

五、磁测资料应用图件

《磁测资料应用数据模型》以《磁测资料应用技术要求》为基础，系统地说明了磁测资料应用所编图件的主要种类、基本要求、工作流程、相关专业谱系与特征分类、图件分层及图层属性结构定义、相关代码规定、编图空间参考与编图比例尺要求、编图说明书以及图件元数据要求等内容。磁测资料应用所编图件主要种类如下：

(1)×省(市/区)×预测工作区矿产预测类型磁法推断磁性矿产分布图；

(2)×省(市/区)省级磁法推断磁性矿床分布图；

(3)×省(市/区)×预测工作区磁法推断地质构造图；

(4)×省(市/区)省级磁法推断地质构造图；

(5)×省(市/区)省级磁异常分布图；

(6)×省(市/区)×预测工作区磁异常范围分布图；

(7)×省(市/区)省级航磁工作程度图；

(8)×省(市/区)省级地磁工作程度图；

(9)×省(市/区)省级航磁 ΔT 等值线平面图；

(10)×省(市/区)×预测工作区航磁 ΔT 等值线平面图；

(11)×省(市/区)省级航磁 ΔT 化极等值线平面图；

(12)×省(市/区)×预测工作区航磁 ΔT 化极等值线平面图；

(13)×省(市/区)省级航磁 ΔT 化极垂向一阶导数等值线平面图；

(14)×省(市/区)×预测工作区航磁 ΔT 化极垂向一阶导数等值线平面图；

(15)×省(市/区)×预测工作区地磁等值线平面图；

(16)×省(市/区)×预测工作区地磁化极等值线平面图；

(17)×省(市/区)×预测工作区地磁化极垂向一阶导数等值线平面图。

六、化探资料应用图件

《化探资料应用数据模型》以《化探资料应用技术要求》为基础，系统地说明了化探资料应用所编图件的主要种类、基本要求、工作流程、相关专业谱系与特征分类、图件分层及图层属性结构定义、相关代码规定、编图空间参考与编图比例尺要求、编图说明书以及图件元数据要求等内容。化探资料应用所编图件主要种类如下：

(1)×省(市/区)省级地球化学采样点位图；

(2)×省(市/区)省级地球化学景观图；
(3)×省(市/区)省级地球化学工作程度图；
(4)×省(市/区)省级单元素地球化学图；
(5)×省(市/区)省级单元素地球化学异常图；
(6)×省(市/区)省级地球化学综合异常图；
(7)×省(市/区)省级地球化学推断地质构造图；
(8)×省(市/区)省级×矿种或矿组地球化学找矿预测图；
(9)×省(市/区)×预测工作区单元素地球化学图；
(10)×省(市/区)×预测工作区单元素地球化学异常图；
(11)×省(市/区)×预测工作区地球化学综合异常图；
(12)×典型矿床单元素地球化学异常图；
(13)×典型矿床所在位置区域化探异常特征图。

七、遥感资料应用图件

《遥感资料应用数据模型》以《遥感资料应用技术要求》为基础，系统地说明了遥感资料应用所编图件的主要种类、基本要求、工作流程、相关专业谱系与特征分类、图件分层及图层属性结构定义、相关代码规定、编图空间参考与编图比例尺要求、编图说明书以及图件元数据要求等内容。遥感资料应用所编图件主要种类如下：

(1)×典型矿床遥感矿产地质特征与近矿找矿标志解译图；
(2)×省(市/区)×预测工作区遥感矿产地质特征与近矿找矿标志解译图；
(3)×典型矿床遥感羟基异常分布图；
(4)×典型矿床遥感铁染异常分布图；
(5)×典型矿床蚀变矿物遥感异常分布图；
(6)×省(市/区)×预测工作区遥感羟基异常分布图；
(7)×省(市/区)×预测工作区遥感铁染异常分布图；
(8)×省(市/区)×预测工作区蚀变矿物遥感异常分布图；
(9)×幅 1∶25 万遥感矿产地质特征解译图；
(10)×省(市/区)省级遥感构造解译图；
(11)×幅 1∶25 万遥感羟基异常分布图；
(12)×幅 1∶25 万遥感铁染异常分布图；
(13)×省(市/区)省级遥感异常组合图。

八、自然重砂资料应用图件

《自然重砂资料应用数据模型》以《自然重砂资料应用技术要求》为基础，系统地说明了自然重砂资料应用所编图件的主要种类、基本要求、工作流程、相关专业谱系与特征分类、图件分层及图层属性结构定义、相关代码规定、编图空间参考与编图比例尺要求、编图说明书以及图件元数据要求等内容。自然重砂资料应用所编图件主要种类如下：

(1)×省(市/区)省级自然重砂异常图；
(2)×省(市/区)×预测工作区自然重砂异常图。

第三章　西北矿产资源潜力评价专题图建设

第一节　专题图建设内容

西北矿产资源潜力评价专题图建设工作内容复杂，技术含量高，涉及专业面广，是西北地区矿产资源潜力评价项目的重要工作任务之一。综合信息集成专业应用作为一个专业分支，在各专业编图和属性卡片填写是专题图的基础上，严格按照专题图数据模型，配合各专业课题组完成各专业专题成果数据库，主要工作任务包括 GIS 技术支撑和专题数据库建设两个方面（图 3-1）。

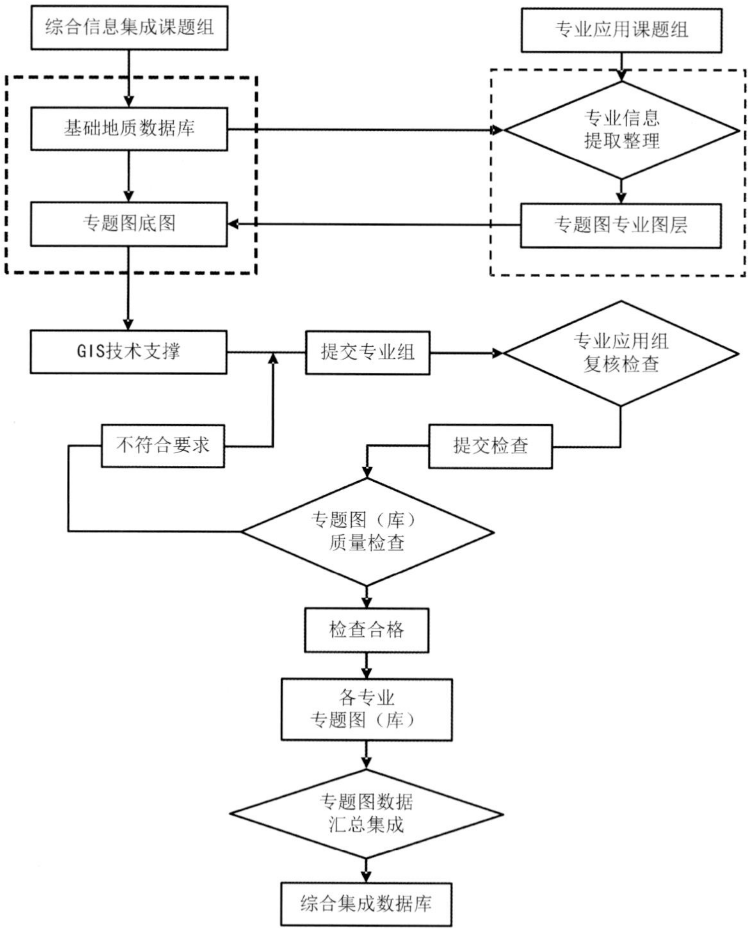

图 3-1　西北矿产资源潜力评价专题图建设分工与合作模式

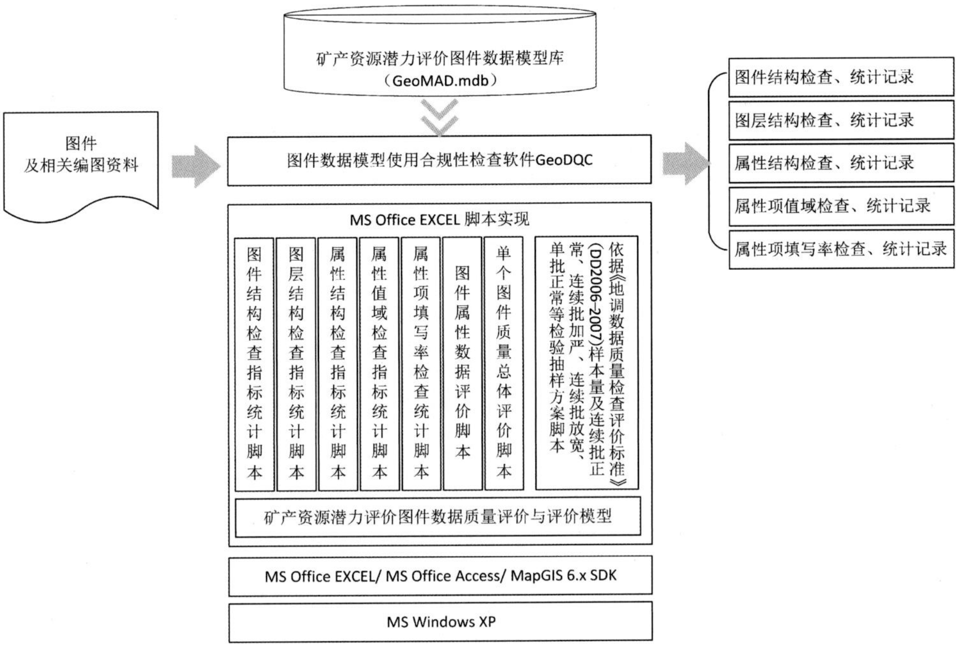

图 3-6　图件使用数据模型合规性检查软件模块（GeoDQC）技术框架

四、图件空间拓扑检查软件

全国矿产资源潜力评价图件空间拓扑检查软件（简称图件空间拓扑检查软件，GeoTOK），基于全国矿产资源潜力评价图件数据模型规定内容及图件图层拓扑检查规则库，检查全国矿产资源潜力评价专题图件空间数据及拓扑质量，并辅助修改空间数据拓扑错误。该软件主要用于支持全国矿产资源潜力评价图件属性库建设人员开展专题图件空间拓扑检查、完善工作（图 3-7、图 3-8）。

1. 主要功能

（1）缺省情况下，软件以矿产资源潜力评价图件数据模型库、矿产资源潜力评价图件图层拓扑检查规则库和图件空间数据拓扑质量检查与评价模型作为后台支撑。

（2）工程管理：包括新建工程、打开工程和最近文件等功能。

（3）空间数据拓扑集成检查与评价：提供了拓扑结点检查、线或弧段重叠坐标检查、“Z”字线或弧段检查、线或弧段自相交检查、多余弧段检查、重叠点线面检查、文件压缩情况检查、套合（共边）一致性检查、拓扑一致性检查。

（4）基本 GIS 编辑纠错功能。

（5）其他辅助功能，包括拓扑错误检查、拓扑重建及整图变换，线转弧段、自动连接线等功能。

（6）系统参数设置，包括参数设置、修改系统目录环境、编辑地图参数、设置系统颜色等功能。

（7）用户还可以自行引入自定义的规则功能，如引入已定制好的检查规则库或通过模板定制新的检查规则库。

2. 技术特点

全国矿产资源潜力评价图件空间拓扑检查软件基于全国矿产资源潜力评价图件数据模型数据库、图件图层拓扑检查规则库和图件空间数据拓扑质量检查与评价模型，提供了对点、线、面 3 类几何要素图元空间数据进行检查与评价的功能，集成了MapGIS各项编辑纠错功能，有效地保证并提高了全国矿产资源潜力评价专题图件空间数据质量。

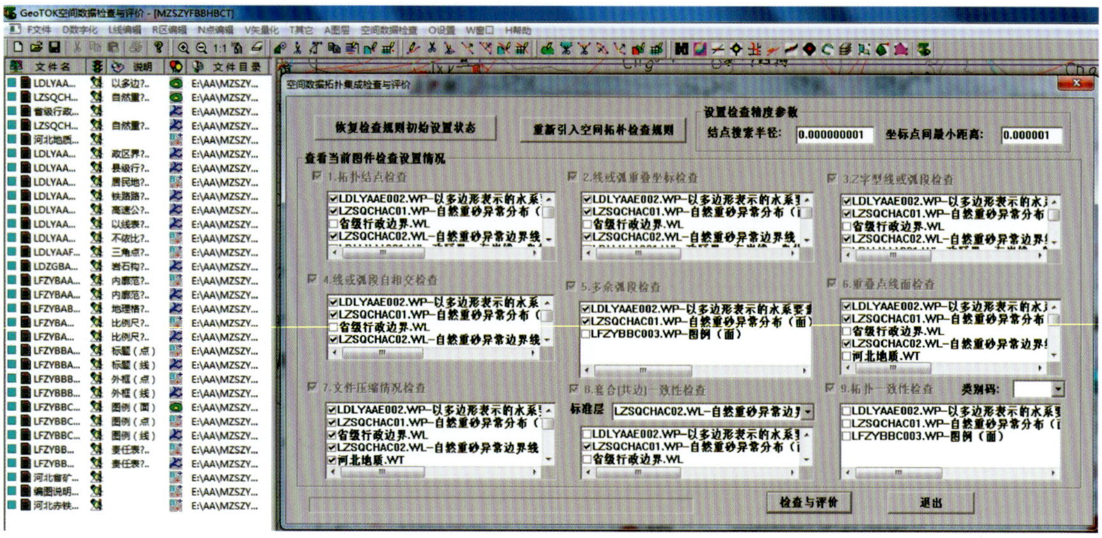

图 3-7　图件空间拓扑检查软件主界面

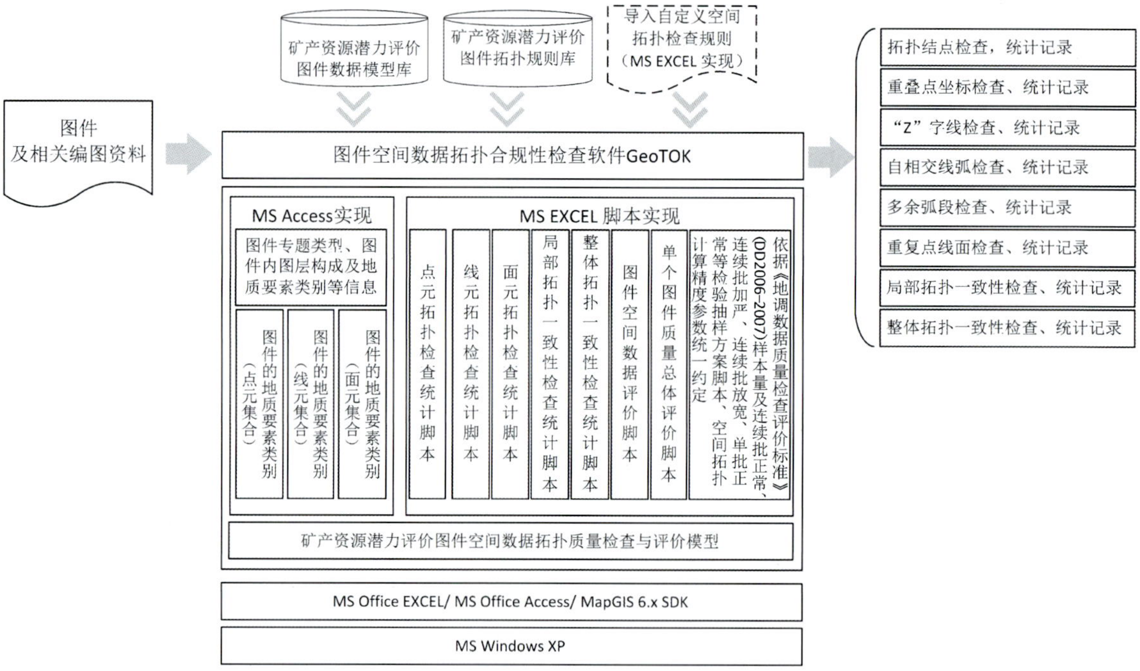

图 3-8　图件空间拓扑检查软件GeoTOK体系架构

五、图件数据质量检查与评价软件

矿产资源潜力评价图件数据质量检查与评价软件（简称图件数据质量检查与评价软件，GeoDQC-TOK），基于矿产资源潜力评价图件数据质量与检查模型，检查与评价矿产资源潜力评价专题图件数据质量，并辅助修改模型使用和数据采集错误。该软件主要用于支持矿产资源潜力评价图件数据初审验收、终审验收、复核验收、收交验收等工作，也用于支持矿产资源潜力评价图件数据的检查（自检、互检）、抽查及项目成果数据质量监管等工作(图 3-9)。

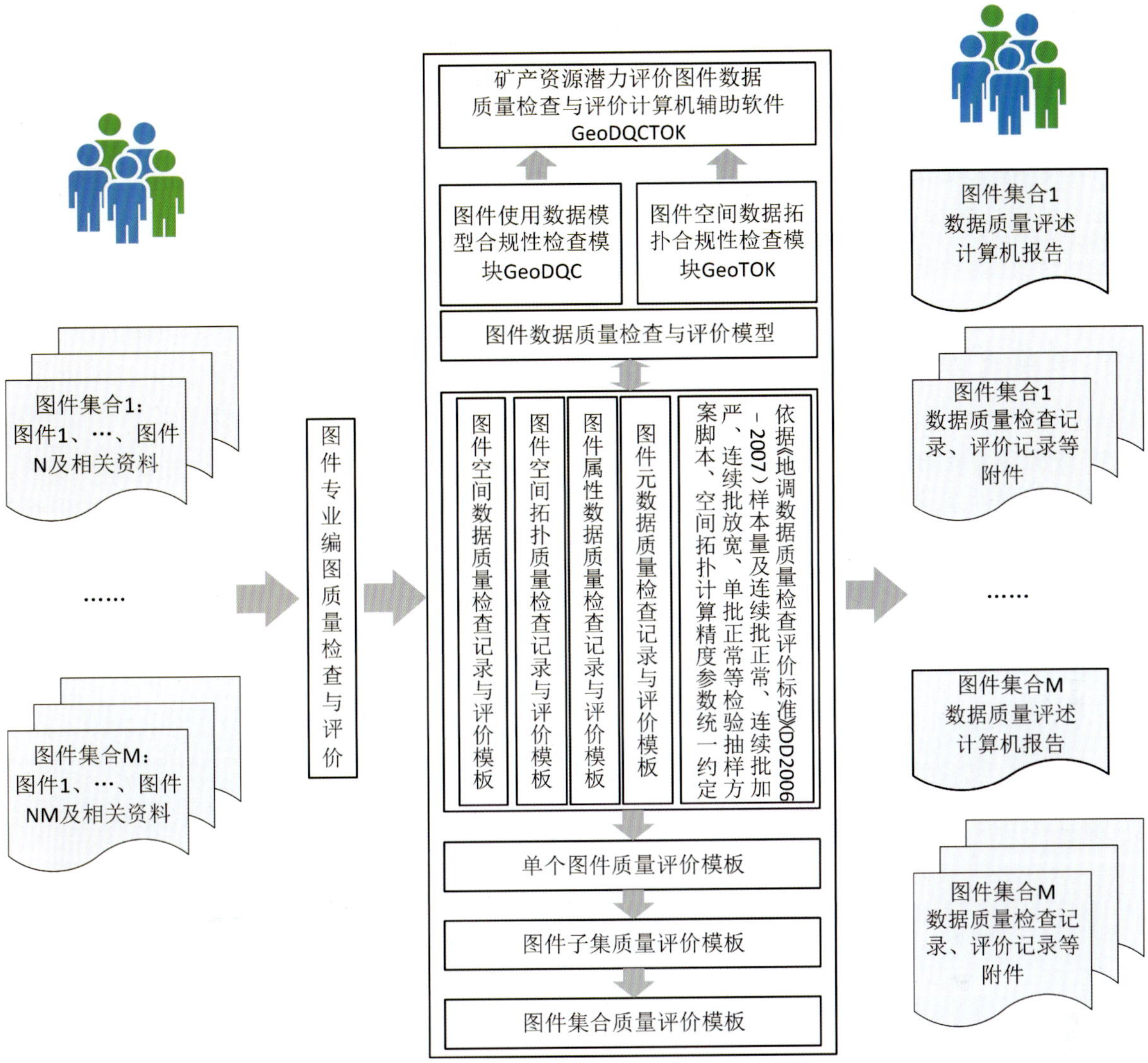

图 3-9 图件数据质量检查与评价软件(GeoDQCTOK)技术框架

1. 主要功能

(1)软件以基于矿产资源潜力评价图件数据模型、矿产资源潜力评价图件图层拓扑检查规则的矿产资源潜力评价图件数据质量与检查模型库作为后台支撑。

(2)一体化集成数据质量检查与数据质量评价两大功能,对每一图件依序调用 GeoDQC、GeoTOK 两个软件模块,将检查遍历图件数据得到的质量检查情况。

(3)逐一记录、汇总并填写到拥有数据质量评价规则的 MS Excel 表单脚本中。

(4)该软件采用批处理方式,对一批图件逐一进行检查与评价,记录、统计并汇总质量缺陷情况,评价质量等级。

(5)导出该批图件的检查与评价质量评述计算机报告及检查记录表,供专家依据地质工作程度和相关专业知识核实、修正、确认等。

2. 技术特点

矿产资源潜力评价图件数据质量检查与评价软件,基于矿产资源潜力评价图件数据质量与检查模型、一体化集成数据质量检查与数据质量评价两大功能，对每一图件依序调用 GeoDQC、GeoTOK 两个软件模块，将检查遍历图件数据得到的质量检查情况，逐一记录、汇总并填写到拥有数据质量评价规则的 MS Excel 表单脚本中，实现了图件数据质量检查与评价计算机处理过程。而且，该软件采用批处理方式，对一批图件逐一进行检查与评价，记录、统计并汇总质量缺陷情况，评价质量等级，最后导出该批图件的检查与评价质量评述计算机报告及检查记录表，供专家依据地质工作程度和相关专业知识核实、修正、确认等，极大地提高了数据质量检查与评价工作效率，解决了大规模成果图件质量检查（自检与互检、抽检与全检）、验收、复核等工作环节存在耗时、耗力、耗费、烦琐、乏味、质量要求不易统一等难题，为保障图件数据质量符合统一要求提供了有效技术手段。

六、省级矿产资源潜力评价成果建库软件系统

矿产资源潜力评价省级矿产资源潜力评价资料性成果集成建库管理系统（简称省级矿产资源潜力评价成果建库软件系统，GeoPEX），基于 MS SQL Server 2008、Oracle 9 及以上版本，按矿产资源潜力评价图件数据模型规定内容及图件图层拓扑检查规则，导入、管理、检索、浏览、导出、转换省级矿产资源潜力评价成果图件及相关资料，统一推广应用于 30 个省（市、自治区）的省级矿产资源潜力评价成果图件及相关资料建库管理中（图 3-10）。

图 3-10　省级矿产资源潜力评价成果建库系统 GeoPEX 功能主界面

1. 主要功能

(1)数据库注册、查询方案配置、环境设置。

(2)用户管理、权限分配。

(3)图件投影转换(单个或批量图件投影转换等)。

(4)图件入库。

(5)图件、图层、图元及属性浏览、查询、检索。

(6)检索结果导出。

(7)数据维护(包括编图说明书、元数据、质量检查文档、栅格图像、遥感图像、汇报材料、表格、其他等文档)。

(8)数据库备份、数据库恢复、数据库迁移等。

2. 技术特点

支持多种商业数据库系统、可分布和可集中式的图件空间数据库检索、查询、导出等可视化管理(图3-11)。

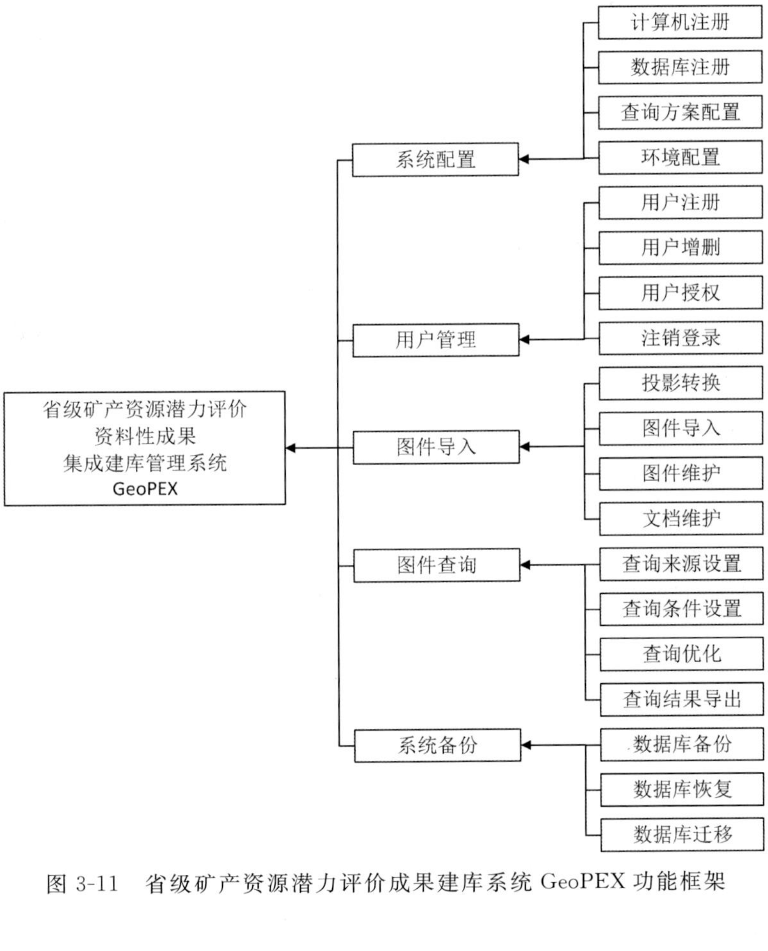

图3-11　省级矿产资源潜力评价成果建库系统GeoPEX功能框架

七、矿产资源潜力评价成果图件目录整理检查软件

矿产资源潜力评价成果图件目录整理检查软件(Geo035),基于矿产资源潜力评价成果图件汇总目录规定和要求,整理与检查成果图件目录,辅助成果图件汇总工作。该软件工具委托甘肃省地质调查院

开发完成，已广泛用于 30 个省、6 个大区矿产资源潜力评价工作(图 3-12、图 3-13)。

图 3-12　矿产资源潜力评价成果图件目录整理检查软件(Geo035)登录主界面

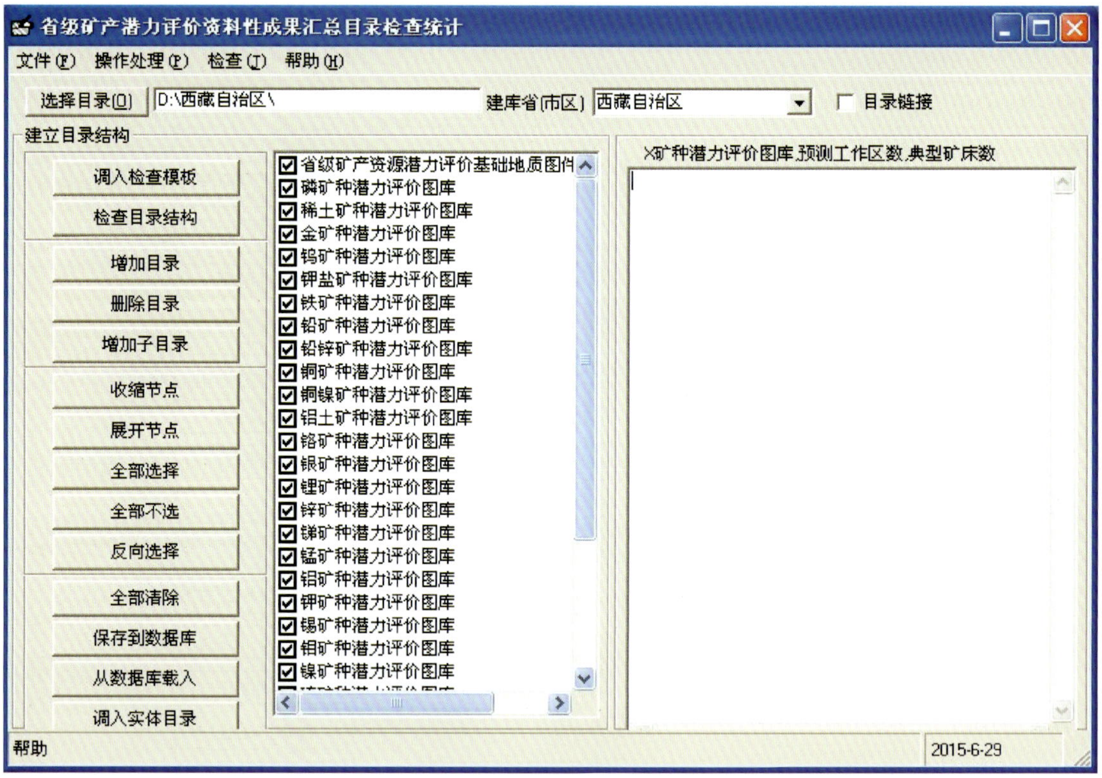

图 3-13　矿产资源潜力评价成果图件目录整理检查软件(Geo035)功能主界面

第三节　专题图建设流程

西北矿产资源潜力评价专题图建设总体工作原则是"统一组织、统一思路、统一方法、统一标准、统一进度"，严格按照矿产资源潜力评价专题图数据模型组织各专业成果数据，编制专题图件并形成相应空间数据库，具体规范化编图建库流程如下(图 3-14)。

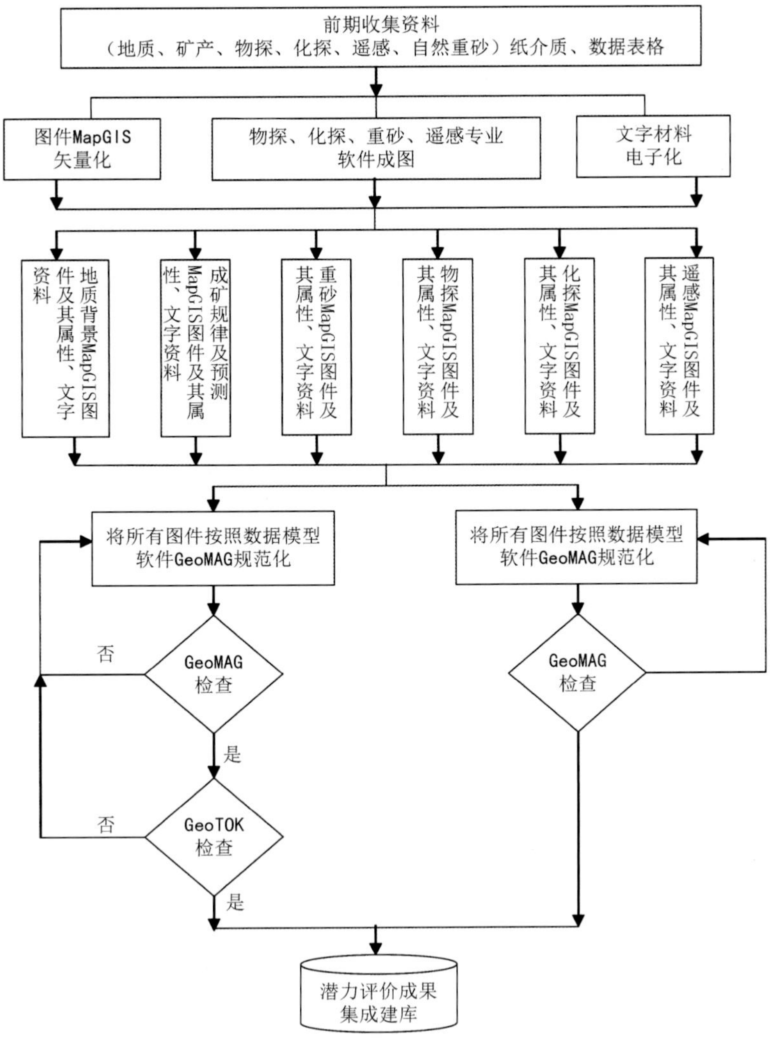

图 3-14　专题图图件规范化建库流程

一、资料准备阶段

资料准备阶段的工作有建库资料收集和质量监控文档准备。完整、齐全而又有效的第一手资料是建立地理信息空间数据库的前提，也是对地理信息空间数据进行空间分析的基础。因此，应全面收集建库的有关资料，包括汇交资料的全部电子文件、汇交的地质纸图。

二、数据检查

数据检查是指检查原图数据库的数据文件、地图参数以及相应的图层划分情况，为后续的数据预处理、分类、归并和转换作准备。检查图件的文件组成和图层划分情况，然后检查图件的地图参数和成图质量。

三、图形数据导入 GeoMAG 系统

本书参考矿产资源潜力评价专题图数据模型，系统地划分图层，并挂接属性数据。使用 GeoMAG 软件可按照数据模型的基本要素类、综合要素类、对象类以及独立要素类的划分要求对图层数据进行处理。

四、图形数据质量检查

主要针对以下几个方面对导入后的图形数据进行检查：

(1)无重叠线、无线的重叠坐标；

(2)无悬挂线，不作为地层分界线的断层的悬挂线保留，要删除由此产生的悬挂弧段；

(3)子图显示位置正确(中心点位置)；

(4)地层接触关系正确，地质界线压盖合理并处理正确；

(5)多边形封闭；

(6)结点建立(如断层切割地质体、水系的主干和支流等)；

(7)不同图层共用界线一致(图层套合)。

反复检查无错误以后，进行下一步工作。

五、建立拓扑

经上一步质量检查后，用基本要素类中的地质界线和综合要素类的内图框重新建立拓扑。重新从地理图中提取地质界线中的水体界线，内图框为重新生成的标准图框。参与拓扑的图层有地质界线、内图框、水体内部界线等。

拓扑处理时要特别注意以下几个方面事项：

(1)利用 GeoMAG 软件系统提供的“拓扑错误检查”功能，反复进行线拓扑处理与错误检查，直至无任何错误(因断层而造成的悬挂线不是错误)后方可造区；

(2)自动剪断线和自动结点平差时结点/裁剪搜索半径设置为 10^{-9}；

(3)拓扑重建后保证区图元的参数与原来对应的区图元参数一致；

(4)拓扑重建后，从区提取的弧段和参与造区的线要完全套合；

(5)综合要素类虽不参加拓扑，但为区图元，因此需要围绕其边界绘制线，采用捕捉线头的方式形成封闭的区，之后充填相应的花纹，且参数设置为透明输出。

六、属性数据录入

本次编图的建库工作与编图工作同步进行，在编图过程中就开始填制属性卡片，分为两种方法：一是直接用 Excel 格式按照数据模型各图层属性表的各个数据项进行填写；二是先采用手工填写，然后录入 Excel 文件中。各类数据的属性结构参考《全国矿产资源潜力评价数据模型》的相关内容。在利用 GeoMAG 系统录入属性数据时，根据 GeoMAG 系统空间数据库提供的功能，要先录入要素类属性数

据，然后利用自动从地质体面实体提取对象类和自动从地质界线提取断层对象类功能，实现对象类属性数据的部分自动继承，之后完善对象类属性数据。

属性数据录入后需将录入数据输出，并与原始数据对照，进行不同作业人员间相互校对检查，如发现错误，及时改正，并填写工作日志。

七、彩色建造构造图输出

彩色建造构造图输出是指将地理图层与地质内容图层组成工程文件输出全要素彩色图件。

八、元数据库建设

在元数据采集器软件支持下，建立相应图件的元数据信息，建成标准的元数据库。

第四节　专题图建设成果

一、省级基础专题图建设

省级基础地质专题图建设包括了西北五省（自治区）的地质、重力、磁测、化探、遥感、重砂 6 个专业。共计图件总数 2118 幅，具体各专业图件情况见表 3-1。

成矿地质背景专业：1∶25 万分幅实际材料图 192 幅和 1∶25 万分幅建造构造图 203 幅。

重力专业：省级重力工作程度图、省级重力推断地质构造图、省级布格重力异常图、省级剩余重力异常图等共计 20 幅。

磁测专业：省级航磁工作程度图、省级地磁工作程度图、省级磁法推断地质构造图、省级磁法推断磁性矿床分布图、省级磁异常分布图、省级航磁 ΔT 等值线平面图、省级航磁 ΔT 化极等值线平面图、省级航磁 ΔT 化极垂向一阶导数等值线平面图等共计 40 幅。

化探专业：省级地球化学采样点位图、省级地球化学景观图、省级地球化学工作程度图、省级单元素地球化学图、省级单元素地球化学异常图、省级地球化学综合异常图、省级地球化学组合异常图、省级地球化学推断地质构造图、省级地球化学找矿预测图等共 503 幅。

遥感专业：省级遥感构造解译图、省级遥感异常组合图、1∶25 万分幅遥感矿产地质特征解译图、1∶25万分幅遥感羟基异常分布图、1∶25 万分幅遥感铁染异常分布图、省级遥感影像图、分幅遥感影像图等共 1123 幅。

重砂专业：省级自然重砂异常图、省级自然重砂工作程度图、省级自然重砂采样点位图等 37 幅。

表 3-1　西北五省（自治区）基础地质专题图建设统计表　　（单位/幅）

专业	专题图种类	陕西	甘肃	宁夏	青海	新疆	合计
地质	1∶25 万分幅实际材料图	9	28	5	48	102	192
	1∶25 万分幅建造构造图	16	28	5	48	106	203

续表 3-1

专业	专题图种类	陕西	甘肃	宁夏	青海	新疆	合计
重力	省级重力工作程度图	1	1	1	1	1	5
	省级重力推断地质构造图	1	1	1	1	1	5
	省级布格重力异常图	1	1	1	1	1	5
	省级剩余重力异常图	1	1	1	1	1	5
磁测	省级航磁工作程度图	1	1	1	1	1	5
	省级地磁工作程度图	1	1	1	1	1	5
	省级磁法推断地质构造图	1	1	1	1	1	5
	省级磁法推断磁性矿床分布图	1	1	1	1	1	5
	省级磁异常分布图	1	1	1	1	1	5
	省级航磁 ΔT 等值线平面图	1	1	1	1	1	5
	省级航磁 ΔT 化极等值线平面图	1	1	1	1	1	5
	省级航磁 ΔT 化极垂向一阶导数等值线平面图	1	1	1	1	1	5
化探	省级地球化学采样点位图	1	—	1	1	0	3
	省级地球化学景观图	1	1	1	1	1	5
	省级地球化学工作程度图	1	1	1	1	1	5
	省级单元素地球化学图	39	39	39	40	39	196
	省级单元素地球化学异常图	39	39	39	40	39	196
	省级地球化学综合异常图	7	17	1	1	9	35
	省级地球化学组合异常图	0	18	1	1	11	31
	省级地球化学推断地质构造图	1	2	1	1	1	6
	省级地球化学找矿预测图	0	17	1	7	1	26
遥感	省级遥感构造解译图	1	1	1	1	1	5
	省级遥感异常组合图	1	1	1	1	1	5
	1∶25 万分幅遥感矿产地质特征解译图	16	28	11	70	152	277
	1∶25 万分幅遥感羟基异常分布图	16	28	11	70	152	277
	1∶25 万分幅遥感铁染异常分布图	16	28	11	70	152	277
	省级遥感影像图	1	1	1	1	1	5
	分幅遥感影像图	16	28	11	70	152	277
自然重砂	省级自然重砂异常图	11	13	1	1	1	27
	省级自然重砂工作程度图	1	1	1	1	1	5
	省级自然重砂采样点位图	1	1	1	1	1	5
合计		206	332	157	487	936	2118

二、预测工作区专题图建设

铁、铜、铝、铅、锌、锰、镍、钨、锡、钾、金、铬、钼、锑、稀土、银、硼、锂、磷、硫、萤石、菱镁矿、重晶石 23 个单矿种潜力评价成果图件及属性库，其又分别包括了成矿地质背景、成矿规律与矿产预测、重力、磁测、化探、遥感、重砂7个专业，每个专业又分别包括了该矿种对应的专业图及属性库(表3-2)。

(1)成矿地质背景专业：预测工作区地质构造专题底图。

(2)成矿规律与矿产预测专业：省级单矿种预测类型分布图、单矿种典型矿床成矿要素图、单矿种预测工作区成矿要素图、省级单矿种区域成矿规律图、单矿种Ⅳ级～Ⅴ级成矿区带图、单矿种典型矿床预测要素图、单矿种预测工作区预测要素图、单矿种预测工作区矿产预测类型预测成果图、省级单矿种预测成果图、省级单矿种勘查工作部署图、省级单矿种未来矿产开发基地预测图、单矿种预测工作区预测单元图、单矿种预测工作区最小预测区优选分布图、省级单矿种矿产预测类型最小预测区分布图。

(3)重力专业：单矿种典型矿床综合成果图、单矿种预测工作区重力工作程度图、单矿种预测工作区布格重力异常图、单矿种预测工作区剩余重力异常图、单矿种预测工作区重力推断地质构造图、单矿种预测工作区定量解释剖面图。

(4)磁测专业：单矿种典型矿床综合成果图、单矿种预测工作区航磁ΔT等值线平面图、单矿种预测工作区航磁ΔT化极等值线平面图、单矿种预测工作区航磁ΔT化极垂向一阶导数等值线平面图、单矿种预测工作区地磁等值线平面图、单矿种预测工作区地磁化极等值线平面图、单矿种预测工作区地磁化极垂向一阶导数等值线平面图、单矿种预测工作区磁法推断地质构造图、单矿种预测工作区矿产预测类型磁法推断磁性矿产分布图、单矿种预测工作区磁异常范围分布图、省级磁法推断磁性矿床分布图、单矿种预测工作区定量计算图集等。

(5)化探专业：单矿种典型矿床综合成果图、单矿种预测工作区单元素地球化学图、单矿种预测工作区单元素地球化学异常图、单矿种预测工作区地球化学综合异常图、找矿预测区圈定的参考图件等。

(6)遥感专业：单矿种典型矿床综合成果图、单矿种预测工作区遥感矿产地质特征与近矿找矿标志解译图、单矿种预测工作区遥感羟基异常分布图、单矿种预测工作区遥感铁染异常分布图、单矿种预测工作区蚀变矿物遥感异常分布图、遥感影像图等。

(7)重砂专业：单矿种预测工作区自然重砂异常图等。

三、西北地区综合专题图建设

西北地区综合专题图的建设分为成矿地质背景专业，成矿规律与矿产预测专业，重力、磁测专业，化探专业，遥感专业，重砂专业，每个专业建设一类信息库或成果数据库，包括各个专业的基础图件数据库和数据处理的中间成果数据库，并按照一图一库的原则进行数据库建设(表3-3)。

(1)成矿地质背景专业：西北地区六要素大地构造相图。

(2)成矿规律与矿产预测专业：西北地区矿产分布图和西北地区成矿规律图，西北地区重要矿产综合预测成果图、西北地区重要矿产勘查部署建议图等。

(3)重力、磁测专业：西北地区重力工作程度图、西北地区布格重力异常平面图、西北地区剩余重力异常平面图、西北地区航磁工作程度图、西北地区地磁工作程度图、西北地区航磁ΔT异常平面图、西北地区航磁ΔT化极异常平面图、西北地区航磁ΔT化极垂向一阶导数异常平面图、西北地区航磁异常分布图、西北地区地磁异常分布图、西北地区推断磁性矿床分布图、西北地区重磁综合解释推断地质构造图、西北地区金属矿产地质图。

(4)化探专业：西北地区地球化学图、西北地区地球化学异常图、西北地区铬矿地球化学综合异常图、西北地区地球化学找矿预测图、西北地区多元素累积地球化学图、西北地区多元素累积地球化学异常图、西北地区单元素衬值地球化学图、西北地区单元素衬值地球化学异常图、西北地区地球化学工作程度图、西北地区地球化学景观图等。

(5)遥感专业：中国西北地区及其邻区遥感影像图、西北地区遥感构造解译图等。

(6)重砂专业：西北地区自然重砂等量线图、西北地区自然重砂异常图、西北地区自然重砂工作程度图、西北地区自然重砂点位分布图等。

表 3-2　西北五省(自治区)铁、铝、铜、铅锌、金等 23 个矿种(组)资源潜力评价专题图统计表

(单位/幅)

专业	图件或图件种类	铁	铝	铅锌	金	锰	镍	钨	锡	钾	铬	钼	锑	铜	稀土	银	硼	锂	磷	硫	萤石	菱镁矿	重晶石	合计
地质背景	预测工作区构造岩相古地理图	0	0	0	2	5	0	0	0	4	0	0	0	4	0	0	2	2	6	4	0	0	3	32
	预测工作区沉积建造构造图	0	0	2	1	9	0	3	0	2	0	4	0	18	0	1	2	2	9	9	4	2	5	73
	预测工作区地貌与第四纪地质图	0	0		4	0	0	0	0	9	0	0	0	0	0	0	5	2	0	0	0	0	0	20
	预测工作区火山岩性岩相构造图	0	0	9	15	3	0	5	0	0	1	0	0	11	0	12	1	0	1	11	0	0	0	69
	预测工作区侵入岩浆构造图	0	0	11	2	0	18	8	7	0	12	9	1	38	7	5	4	6	7	8	2	2	0	147
	预测工作区变质建造构造图	0	0		2	0	0	0	0	0	0	0	0	0	0	0	0	0	2	1	0	0	0	5
	预测工作区建造构造图	62	6	27	53	9	0	6	3	0	0	1	9	18	1	22	0	0	0	2	4	2	7	232
成矿规律与矿产预测	省级预测类型分布图	5	3	5	5	4	3	4	3	4	4	4	4	5	4	5	3	3		5	4	3	5	85
	典型矿床成矿要素图	73	4	50	85	15	15	14	9	13	8	20	10	83	5	43	10	11	17	36	9	5	13	548
	预测工作区成矿要素图	61	5	51	81	21	17	22	10	11	13	23	14	88	9	42	8	10	19	37	11	6	15	574
	省级区域成矿规律图	5	3	5	5	4	17	4	3	3	4	4	4	5	4	5	3	3	5	5	4	3	5	103
	Ⅳ级、Ⅴ级成矿区带图	5	3	5	4	4	3	4	3	3	4	4	4	5	4	5	3	2	5	5	4	3	5	87
	成矿规律研究用资料数据表	142	78	47	54	47	0	0	0	38	9	0	36	24	0	17	0	87	52	52	0	22	14	719
	典型矿床预测要素图	73	4	66	85	15	15	14	9	13	7	19	10	82	5	43	11	11	14	36	9	5	13	559
	预测工作区预测要素图	61	5	51	81	21	17	22	10	11	12	23	14	88	9	42	8	10	15	37	12	6	15	570
	预测工作区矿产预测类型预测成果图	61	5	84	81	21	17	22	10	11	12	23	14	88	9	42	8	10	13	37	11	6	15	600
	省级预测成果图	5	3	6	5	4	3	4	3	3	4	4	4	5	4	5	3	3	5	5	4	3	5	90
	省级勘查工作部署图	5	3	6	4	4	3	4	3	3	4	44	4	5	4	5	3	3	5	5	4	3	5	129
	省级未来矿产开发基地预测图	5	3	6	5	4	3	4	2	3	4	4	4	5	4	5	3	3	5	5	4	3	5	89
	预测工作区预测单元图	61	5	51	81	21	17	22	10	11	12	19	13	88	9	42	8	10	18	37	11	6	15	567
	最小预测区优选分布图	61	5	51	81	21	17	13	10	11	12	23	10	70	9	39	8	10	18	36	11	6	15	537
	矿产预测类型最小预测区分布图	5	3	7	3	4	3	4	3	3	4	3	4	5	3	3	2	3	5	5	3	3	4	82

续表 3-2

专业	图件或图件种类	铁	铝	铅锌	金	锰	镍	钨	锡	钾	铬	钼	锑	铜	稀土	银	硼	锂	磷	硫	萤石	菱镁矿	重晶石	合计
重力	典型矿床地质矿产及物探剖析图	63	2	14	4	6	0	0	0	0	2	2	0	0	0	0	0	0	0	2	0	2	0	97
	典型矿床地质矿产及物探剖析图	25	2	0	0	0	0	0	0	0	0	0	0	0	0	0	0	0	0	0	0	0	0	27
	典型矿床地质矿产及物探剖析图	32	2	0	0	0	0	0	0	0	0	0	0	0	0	0	0	0	0	0	0	0	0	34
	典型矿床模式图	4	0	0	0	0	0	0	0	0	0	0	0	0	0	0	0	0	0	0	0	0	0	4
	预测工作区重力工作程度图	3	2	1	11	0	0	0	0		0	0	0	6	0	0	0	0	2	0	0	0	0	25
	预测工作区布格重力异常图	52	2	44	66	21	17	15	9	6	13	21	9	78	7	39	5	6	15	17	8	4	9	463
	预测工作区剩余重力异常图	52	2	44	66	21	17	15	9	10	13	21	9	78	7	39	1	6	16	17	8	4	9	464
	预测工作区重力推断地质构造图	52	2	44	56	21	17	15	90	10	13	21	9	78	7	39	5	6	17	16	8	4	9	539
	重力方法定量解释剖面图集	4	2	0	1	0	0	0	0	0	0	0	0	0	0	0	0	0	0	0	0	0	0	7
磁测	典型矿床地质矿产及物探剖析图	59	2	2	2	0	0	0	0	0	0	0	0	0	0	0	0	0	0	0	0	0	0	65
	典型矿床地质矿产及物探剖析图	40	2	2	2	0	0	0	0	0	0	0	0	0	0	0	0	0	0	0	0	0	0	46
	典型矿床地质矿产及物探剖析图	46	2	2	1	0	0	0	0	0	0	0	0	0	0	0	0	0	0	0	0	0	0	51
	典型矿床模式图	26	0	2	2	0	0	0	0	0	0	0	0	0	0	0	0	0	0	0	0	0	0	30
	预测区航磁 ΔT 等值线平面图	51	5	48	69	20	16	18	7	6	13	21	13	79	7	39	1	2	17	17	7	4	8	468
	预测区航磁 ΔT 化极等值线平面图	51	5	48	69	21	16	18	7	6	13	21	13	79	7	39	1	2	17	17	7	4	8	469
	预测工作区航磁 ΔT 化极垂向一阶导数等值线平面图	51	5	48	69	21	16	18	7	6	13	21	13	79	7	39	1	2	17	17	7	4	8	469
	预测工作区地磁等值线平面图	20	0	2	1	0	0	0	0	0	0	0	0	2	0	0	0	0	0	0	0	0	0	25
	预测区地磁化极等值线平面图	20	0	2	1	0	0	0	0	0	0	0	0	2	0	0	0	0	0	0	0	0	0	25
	预测工作区地磁化极垂向一阶导数等值线平面图	20	0	2	1	0	0	0	0	0	0	0	0	2	0	0	0	0	0	0	0	0	0	25
	预测工作区磁法推断地质构造图	60	3	49	68	21	17	18	8	8	13	16	10	80	8	39	1	2	18	16	8	4	5	472
	预测工作区矿产预测类型磁法推断磁性矿产分布图	46	0	0	0	0	0	0	0	0	0	0	0	0	0	0	0	0	0	0	0	0	0	46
	预测工作区磁异常范围分布图	60	1	15	9	2	0	6	4	0	2	4	3	0	6	12	0	0	3	9	2	2	2	142
	省级磁法推断磁性矿床分布图	0	0	2	2	0	0	2	0	1	0	0	2	0	2	0	0	0	2	0	0	0	0	13
	潜力评价磁测方法定量计算图册	5	0	0	0	0	0	0	0	0	0	0	0	0	0	0	0	0	0	0	0	0	0	5
	磁测方法潜力评价成果报告	5	0	0	0	0	0	0	0	0	0	0	0	0	0	0	0	0	0	0	0	0	0	5

续表 3-2

专业	图件或图件种类	铁	铝	铅锌	金	锰	镍	钨	锡	钾	铬	钼	锑	铜	稀土	银	硼	锂	磷	硫	萤石	菱镁矿	重晶石	合计
化探	典型矿床单元素地球化学异常图	0	0	0	0	0	0	23	0	0	0	0	0	0	0	0	0	0	0	0	0	0	0	23
	典型矿床区域化探异常特征图	0	0	0	0	0	0	0	0	0	0	0	0	0	0	0	0	0	0	0	3	1	3	7
	预测工作区单元素地球化学图	33	0	303	411	129	83	60	47	0	53	104	41	595	47	254	0	29	91	0	17	12	27	2336
	预测区单元素地球化学异常图	6	0	297	411	53	82	195	72	0	68	169	100	818	54	291	9	29	92	0	57	16	65	2884
	预测工作区地球化学综合异常图	0	0	49	69	6	15	22	10	0	13	23	13	92	7	43	3	6	10	0	6	3	9	399
重砂	预测工作区自然重砂异常图	37	0	108	113	27	8	32	43	0	29	60	8	108	22	136	0	2	16	106	27	1	22	905
遥感	典型矿床遥感矿产地质特征与近矿找矿标志解译图	46	3	26	43	6	1	6	0	11	4	11	5	51	1	5	3	3	6	2	1	3	0	237
	典型矿床遥感羟基异常分布图	46	3	26	40	5	1	6	0	9	3	9	4	51	1	5	1	0	6	2	0	2	0	220
	典型矿床遥感铜染异常分布图	46	3	26	40	4	1	6	1	9	2	7	4	51	1	3	1	0	6	2	0	2	0	215
	预测工作区遥感矿产地质特征与近矿找矿标志解译图	59	5	48	78	21	6	20	9	11	10	18	13	85	8	29	6	10	18	22	11	6	12	505
	预测工作区遥感羟基异常分布图	57	5	44	78	21	14	22	9	2	10	18	0	88	9	29	2	6	16	22	7	4	8	471
	预测工作区遥感铜染异常分布图	57	5	44	78	21	14	22	9	2	10	18	13	85	9	29	2	6	16	22	7	4	8	481
	典型矿床遥感影像图	46	3	25	43	6	6	6	1	11	4	10	5	50	1	11	3	3	6	2	1	3	0	246
	预测工作区遥感影像图	59	5	48	78	17	14	22	9	11	10	18	13	85	9	29	6	10	19	22	11	6	9	510
合计		2029	211	1955	2721	706	529	746	449	275	437	844	459	3457	317	1532	146	321	647	708	314	184	385	19 372

表 3-3　西北地区潜力评价专题图统计表

序号	专业	图件名称		比例尺	数量/幅
1	地质背景	西北地区大地构造相图		1∶150 万	6
2		西北地区沉积岩专题图		1∶150 万	
3		西北地区火山岩专题图		1∶150 万	
4		西北地区侵入岩专题图		1∶150 万	
5		西北地区变质岩专题图		1∶150 万	
6		大型变形构造专题图		1∶150 万	
7	成矿规律	西北地区矿产分布图		1∶150 万	2
8		西北地区成矿规律布图		1∶150 万	
9	矿产预测	西北地区重要矿产预测成果图		1∶150 万	2
10		西北地区重要矿产勘查部署建议图		1∶150 万	
11	重力	西北地区重力工作程度图		1∶150 万	3
12		西北地区布格重力异常平面图		1∶150 万	
13		西北地区剩余重力异常平面图		1∶150 万	
14	磁测	西北地区航磁工作程度图		1∶150 万	10
15		西北地区地磁工作程度图		1∶150 万	
16		西北地区航磁 ΔT 异常平面图		1∶150 万	
17		西北地区航磁 ΔT 化极异常平面图		1∶150 万	
18		西北地区航磁 ΔT 化极垂向一阶导数异常平面图		1∶150 万	
19		西北地区航磁异常分布图		1∶150 万	
20		西北地区地磁异常分布图		1∶150 万	
21		西北地区推断磁性矿床分布图		1∶150 万	
22		西北地区重磁综合解释推断地质构造		1∶150 万	
23		西北地区金属矿产地质图		1∶150 万	
24	地球化学	工作程度图	西北地区地球化学工作程度图	1∶150 万	1
25		地球化学景观图	西北地区地球化学景观图	1∶150 万	1
26		地球化学图	西北地区单元素地球化学图	1∶150 万	39
65		地球化学异常图	西北地区单元素地球化学异常图	1∶150 万	39
104		综合异常图	西北地区铬金钼镍铅锑铜钨稀土锡锌银矿地球化学综合异常图	1∶150 万	12
116		找矿预测图	西北地区铬金钼镍铅锑铜钨稀土锡锌银矿地球化学找矿预测图	1∶150 万	12
128		地球化学图集	西北地区地球化学图集	1∶150 万	1
129		典型矿床图集	西北地区典型矿床图集	1∶150 万	1
130	自然重砂	西北地区白铅矿等自然重砂等量线图		1∶150 万	50
180	遥感	西北地区遥感构造解译图		1∶150 万	1
合计					180

第五节　专题图数据汇总

西北地区潜力评价资料性成果数据库汇总，是全国范围潜力评价资料性成果数据库汇的基础；对西北五省区（新疆、青海、甘肃、陕西、宁夏）的省级基础图件和铁、铝、铜、铅、锌、金、钾、磷、钨、锑、稀土、锰、镍、锡、铬、钼、银、硼、锂、硫、萤石、菱镁矿、重晶石23个矿种潜力评价成果数据以及西北大区潜力评价成果进行资料清点核对、数据检查、数据整理、数据修改、规范化存储等工作步骤，按照不同方面进行汇总统计，其工作流程如图3-15所示，最终形成如下西北地区系列汇总成果。

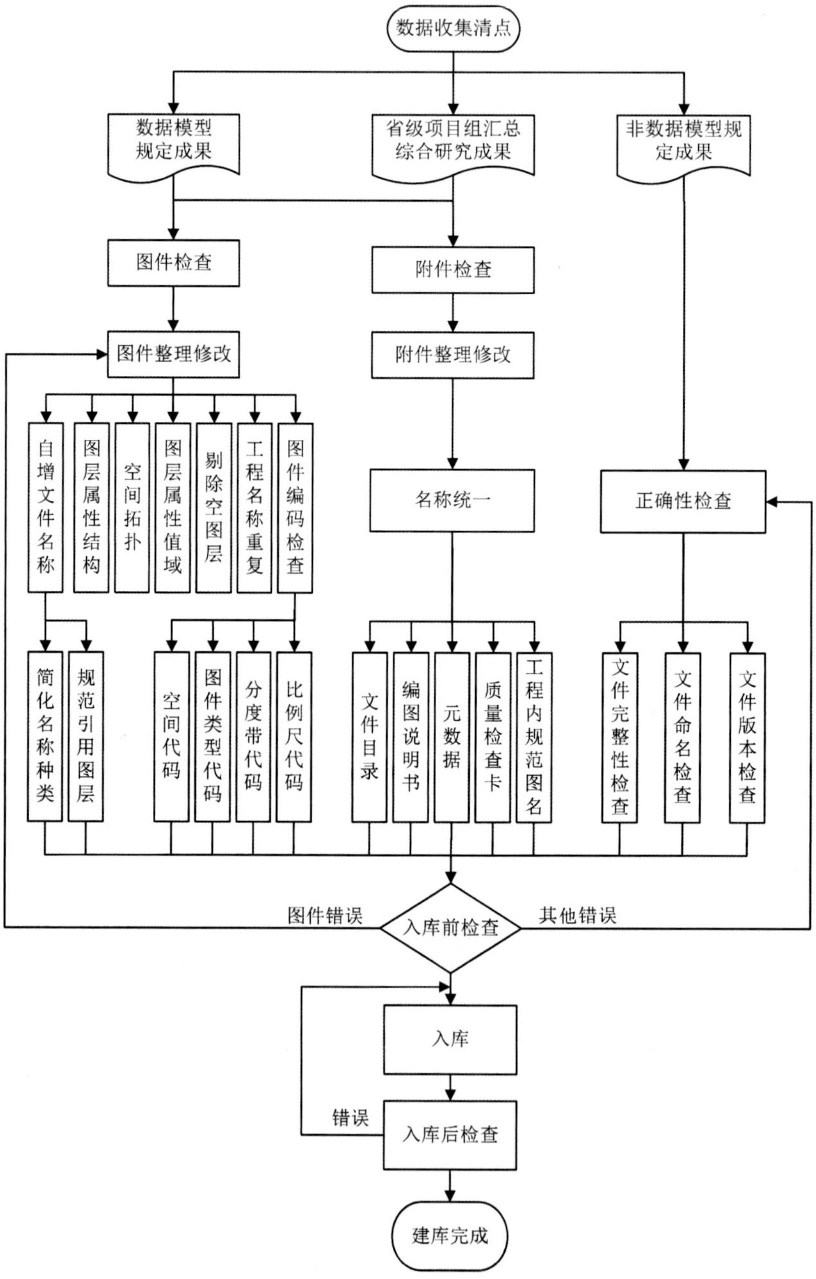

图3-15　专题图汇总统计流程

一、西北地区预测的矿种(组)

西北五省(自治区)矿产资源潜力评价共有预测矿种23个,分别为铁、铝、金、铜、镍、铅、锌、钨、锑、稀土、磷、钾盐、铬、锰、锡、钼、银、硼、硫、锂、萤石、菱镁矿、重晶石等。各省根据本省矿产具体情况,选择进行预测评价。表3-4是各省实际完成的矿种(组),其中陕西预测矿种组20种,甘肃预测矿种组22种,宁夏预测矿种组8种,青海预测矿种组22种,新疆预测矿种组23种。

表3-4　西北五省(自治区)潜力评价预测矿种汇总表

序号	预测矿种(组)	陕西	甘肃	宁夏	青海	新疆
1	铁矿	有	有	有	有	有
2	铝矿	有	有	无	无	有
3	铜矿	有	有	有	有	有
4	铅矿	有	有	有	有	有
5	锌矿	有	有	有	有	有
6	金矿	有	有	有	有	有
7	镍矿	有	有	无	有	有
8	钨矿	有	有	无	有	有
9	锑矿	有	有	无	有	有
10	稀土矿	有	有	无	有	有
11	磷矿	有	有	有	有	有
12	钾盐矿	有	有	无	有	有
13	铬矿	有	有	无	有	有
14	锰矿	有	有	无	有	有
15	锡矿	无	有	无	有	有
16	钼矿	有	有	无	有	有
17	银矿	有	有	有	有	有
18	硼矿	无	有	无	有	有
19	硫矿	有	有	有	有	有
20	锂矿	有	无	无	有	有
21	萤石	有	有	无	有	有
22	菱镁矿	无	有	无	有	有
23	重晶石	有	有	有	有	有
合计	23	20	22	8	22	23

二、西北地区研究的典型矿床

西北五省(自治区)矿产资源潜力评价总计研究的典型矿床达558个,按矿种分别统计铁矿73个,铝土矿4个,铜矿86个,铅锌矿52个、金矿85个、钨矿17个、稀土矿4个、锑矿12个、磷矿17个、钾盐矿13个、锡矿10个、钼矿22个、锰矿15个、铬矿9个、硫矿33个、萤石矿9个、重晶石12个、银矿43个、菱镁矿6个、硼矿8个、镍矿17个、锂矿11个,具体分省统计情况见表3-5。

表3-5 西北五省(自治区)潜力评价典型矿床统计汇总表 (单位/个)

矿种	省份					合计
	陕西	甘肃	宁夏	青海	新疆	
铁矿	5	12	2	10	44	73
铝土矿	2	1	0	0	1	4
铜矿	6	11	4	17	48	86
铅锌矿	7	8	1	15	21	52
金矿	16	19	3	9	41	85
钨矿	1	6	0	2	5	17
稀土矿	0	1	0	1	2	4
锑矿	3	1	0	3	5	12
磷矿	4	4	2	2	5	17
钾盐矿	0	1	0	4	8	13
锡矿	0	1	0	5	4	10
钼矿	3	3	0	4	12	22
锰矿	3	4	0	2	6	15
铬矿	2	1	0	2	4	9
硫矿	3	2	2	9	17	33
萤石矿	1	3	0	2	3	9
重晶石	3	3	1	2	3	12
银矿	2	4	3	13	21	43
菱镁矿	0	2	0	2	2	6
硼矿	0	1	0	4	3	8
镍矿	2	2	0	4	9	17
锂矿	1	0	0	5	5	11
总计	64	90	18	117	269	558

三、西北地区预测工作区

西北五省(自治区)矿产资源潜力评价按不同预测类型共划分574个预测工作区。按矿种分别统计铁矿67个,铝土矿6个,铜矿85个,铅锌矿51个、金矿79个、钨矿22个、稀土矿9个、锑矿14个、磷矿19个、钾盐矿11个、锡矿9个、钼矿23个、锰矿21个、铬矿13个、硫矿34个、萤石矿11个、重晶石14个、银矿42个、菱镁矿6个、硼矿8个、镍矿20个、锂矿10个,具体分省统计情况见表3-6。

表3-6 西北五省(自治区)潜力评价预测工作区统计汇总表 (单位/个)

矿种	省份					合计
	陕西	甘肃	宁夏	青海	新疆	
铁矿	7	19	4	15	22	67
铝土矿	3	2	0	0	1	6
铜矿	7	16	6	18	38	85
铅锌矿	8	9	1	15	18	51
金矿	9	28	3	9	30	79
钨矿	2	9	0	6	5	22
稀土矿	1	1	0	6	1	9
锑矿	3	4	0	3	4	14
磷矿	4	5	2	3	5	19
钾盐矿	0	2	0	4	5	11
锡矿	0	1	0	4	4	9
钼矿	5	4	0	4	10	23
锰矿	4	9	0	2	6	21
铬矿	6	1	0	2	4	13
硫矿	6	2	2	9	15	34
萤石矿	2	4	0	2	3	11
重晶石	3	4	2	2	3	14
银矿	5	4	3	13	17	42
菱镁矿	0	2	0	2	2	6
硼矿	0	1	0	4	3	8
镍矿	6	3	0	4	7	20
锂矿	2	0	0	4	4	10
总计	83	130	23	131	207	574

四、西北地区标准分幅专题图件

西北五省(自治区)矿产资源潜力评价完成 1∶25 万标准分幅 501 幅,具体统计情况见表 3-7。其中,实际材料图共计 202 幅(图 3-16)、建造构造图 212 幅(图 3-17)、1∶25 万分幅遥感矿产地质特征解译图 270 幅、遥感羟基异常分布图 253 幅,遥感铁染异常分布图 248 幅(图 3-18)。

表 3-7 西北五省(自治区)潜力评价标准分幅专题图件统计汇总表

(单位/幅)

专业	省份					合计
	陕西	甘肃	宁夏	青海	新疆	
分幅实际材料图	9	28	5	48	112	202
分幅建造构造图	16	28	5	48	115	212
分幅遥感矿产地质特征解译图	16	56	11	48	139	270
分幅遥感羟基异常分布图	16	56	11	48	122	253
分幅遥感铁染异常分布图	16	56	11	48	117	248
总计	32	112	22	96	239	501

五、西北地区省级基础地质专题图件

西北地区省级基础地质专题图件合计 2118 幅,分省(自治区)统计情况见表 3-8。按专题统计,基础地质背景 395 幅、重力资料应用 20 幅、磁测资料应用 40 幅、化探资料应用 503 幅、遥感资料应用 1123 幅、重砂资料应用 37 幅。

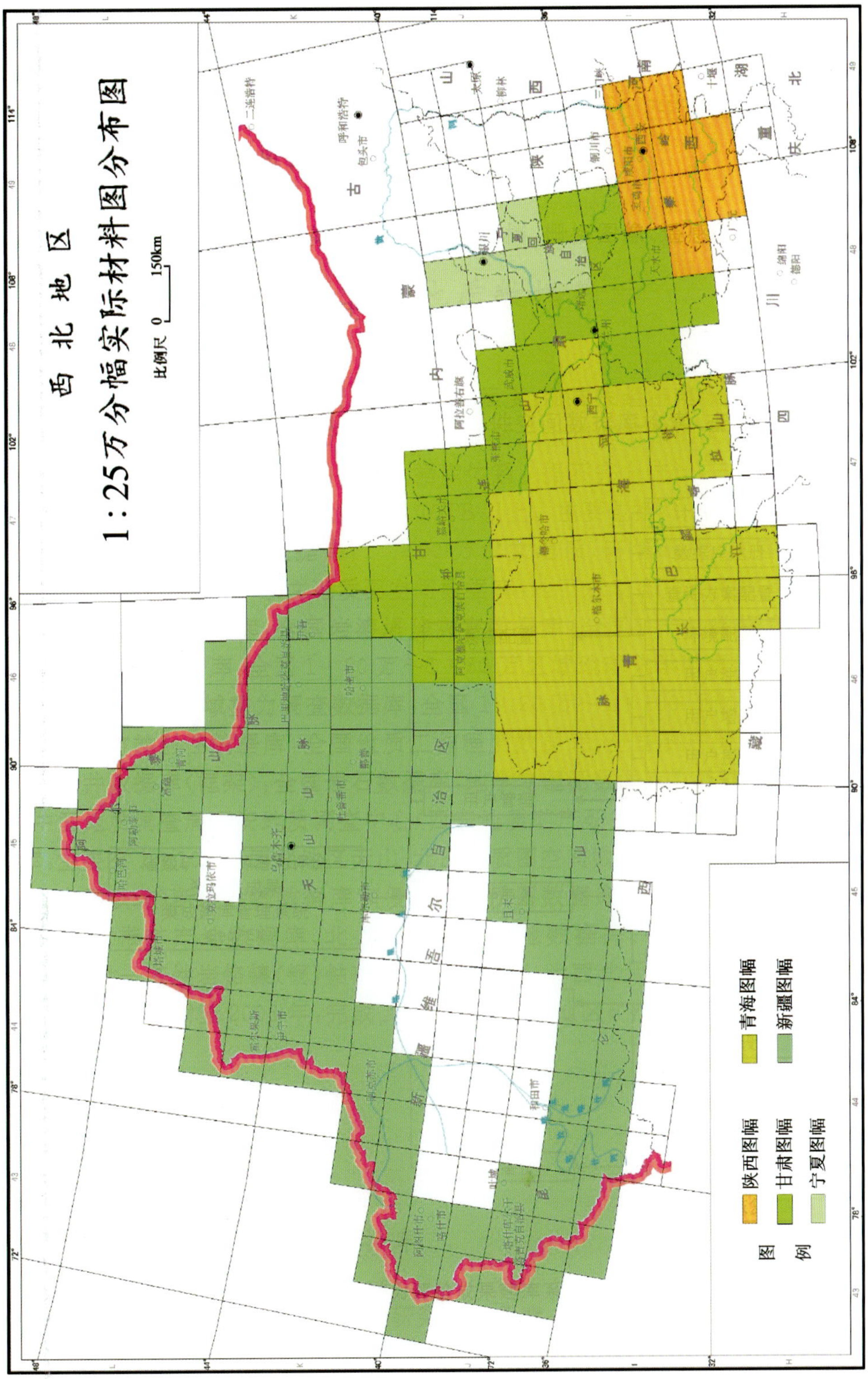

图3-16　1:25万分幅实际材料图分布图

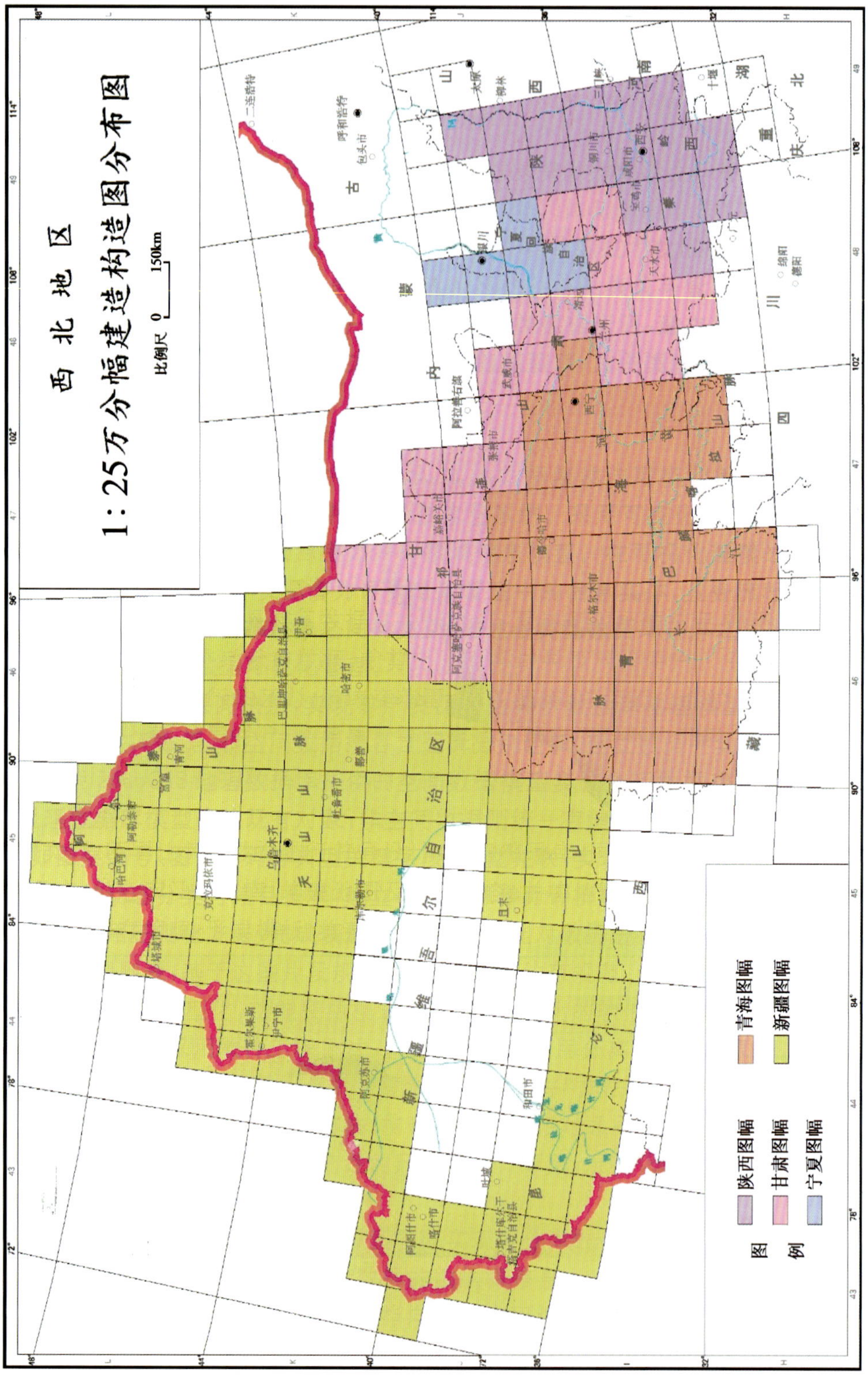

图3-17 1∶25万分幅建造构造图分布图

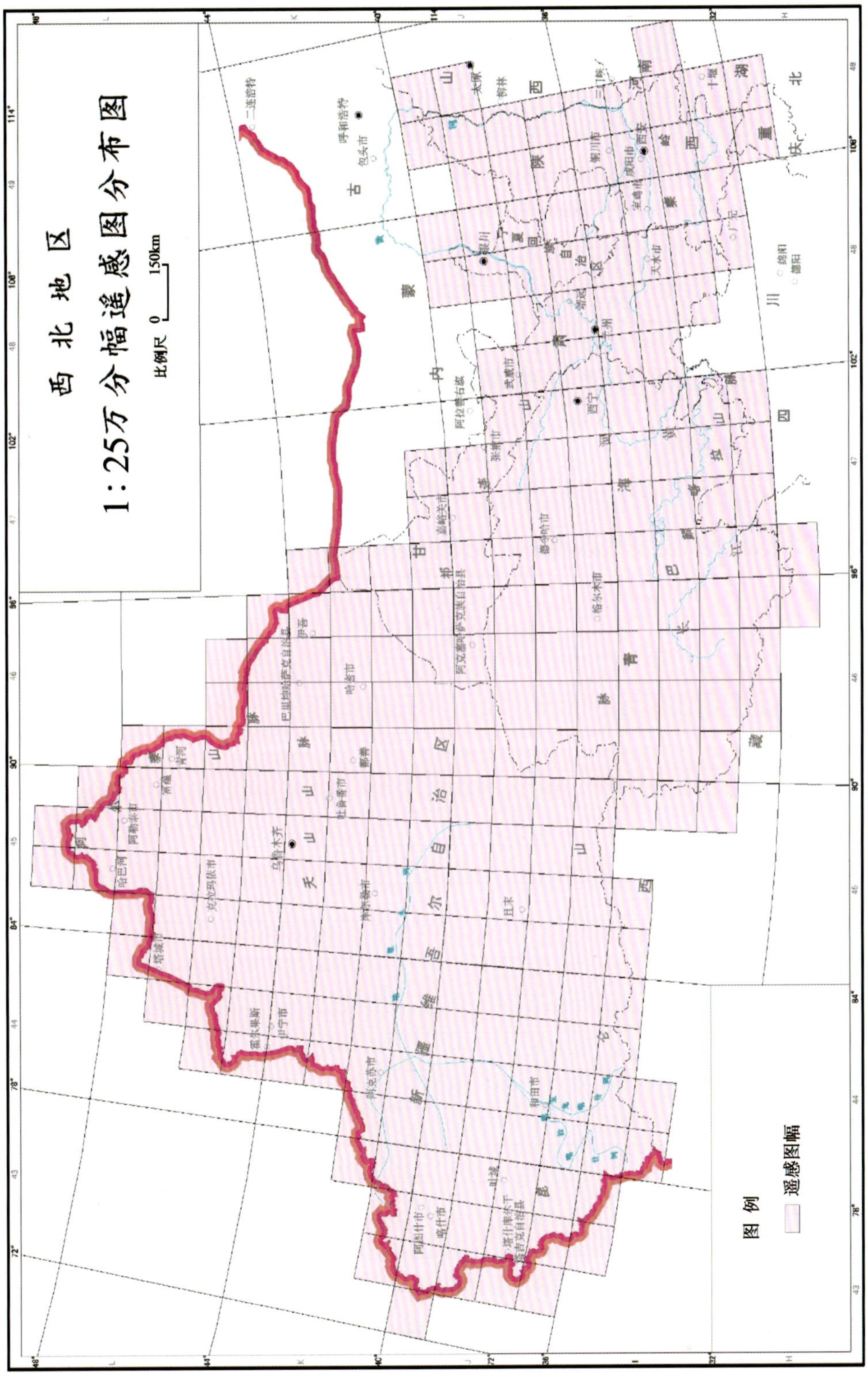

图3-18 1:25万分幅遥感图分布图

表 3-8 西北五省(自治区)潜力评价省级基础地质编图统计汇总表 (单位/幅)

专业	省份					合计
	陕西	甘肃	宁夏	青海	新疆	
基础地质背景	25	56	10	96	208	395
重力资料应用	4	4	4	4	4	20
磁测资料应用	8	8	8	8	8	40
化探资料应用	89	134	85	93	102	503
遥感资料应该	67	115	47	283	611	1123
重砂资料应用	13	15	3	3	3	37
总计	206	332	157	487	936	2118

六、西北地区分矿种潜力评价专题图件

西北五省(自治区)分矿种潜力评价专题图件由铁、铝、铜、铅、锌、金、钨、锑、稀土、磷、锡、钼、锰、银、硫、萤石、硼、重晶石等23个矿种组成,各矿种各专业规范图件总数统计见表3-9。

表 3-9 西北五省(自治区)潜力评价分矿种专题图统计汇总表 (单位/幅)

矿种	省份					合计
	陕西	甘肃	宁夏	青海	新疆	
铁矿	233	455	97	202	731	1718
铝土矿	45	28	0	0	42	115
铜矿	227	499	594	534	1403	3257
铅锌矿	258	198	106	527	554	1643
金矿	289	671	462	259	921	2602
钨矿	93	263	0	160	152	668
稀土矿	0	24	0	202	31	257
锑矿	94	90	0	82	106	372
磷矿	100	77	120	113	145	555
钾盐矿	0	27	0	28	105	160
锡矿	0	61	0	208	123	392
钼矿	158	146	0	192	325	821
锰矿	134	255	0	113	116	618
铬矿	151	45	0	96	108	400
硫矿	124	58	52	174	197	605
萤石矿	37	121	0	99	34	291
重晶石	86	122	201	97	35	541
银矿	204	123	304	703	548	1882
菱镁矿	0	42	0	53	29	124
硼矿	0	34	0	49	26	109
镍矿	155	0	0	120	213	488
锂矿	57	0	0	72	91	220
总计	2445	3339	1936	4083	6035	35 676

3. 数据互操作

空间信息获取手段的不断进步，为生产海量空间数据提供了可能，但是对这些海量数据的管理和集成利用却相对落后，人们越来越无法满足 GIS 系统间交换数据的要求，数据转换成本已经占到相当大的份额。在这种情况下实现 GIS 系统间数据的直接互操作就成为迫切需求。

数据互操作是指各个 GIS 厂商都遵循开放地理空间信息联盟(简称 OGC)颁布的数据共享规范，编写统一的数据服务接口。此种模式是基于服务方式的架构，客户端通过服务的方式调用数据服务器提供的服务接口。这种方式的出现，为 GIS 数据集成开拓了新的思路，为地理数据集中式管理与分布式共享提供了新方法。虽然数据互操作方式有诸多优点，但是缺点也很明显。它需要源数据平台遵循 OGC 标准规范实现数据访问接口，且不能脱离对源数据服务器的依赖。互操作技术是特定计算机发展时期的产物，它的发展明显带有计算机技术的烙印。

4. GIS 中间件

GIS 中间件是中间件技术在 GIS 领域中的应用，是指在制定的统一标准规范下，编写各个异构数据源的驱动，挂接到数据源驱动管理器中，为 GIS 客户软件提供统一的访问接口，直接读写或管理各类空间数据。数据源驱动管理器对客户软件提供用户透明的空间数据类型，屏蔽了原有地理信息系统数据格式、数据存储方式的多样性，使空间数据无缝集成变为现实。

GIS 中间件是一种独立的服务程序，它不需要对数据进行转换操作，因此目标数据不会失真；由于是直接对数据进行驱动操作的，因此数据访问、分析处理效率高，克服了其他集成方式无法对数据进行混合高效分析的问题。它打破"信息孤岛"局面，真正进入到空间数据的内部，实现语义上的一致性、集成性，消除冗余并产生更高质量的数据。在 GIS 空间数据集成、GIS 空间数据的多重表达以及多尺度、多分辨率空间数据的集成等方面取得了众多理论成果，数据中心模式即是采用了这一种崭新的革命性技术。

第二节　数据中心集成方案

一、数据中心体系结构

数据中心是各种数据集成与交换的中心，采用面向服务的架构体系，是集基础与应用为一体的综合应用平台。数据中心可实现多源异构数据的统一、层次化管理，能够在统一的框架下实现空间数据与非空间数据的协调工作，支持应用方案的集成搭建，为应用系统提供基础支撑。

数据中心是基于"面向服务的系统架构"(SOA)，体系架构如图 4-1 所示，同时具备"资源管理器"和"系统开发器"功能。"资源管理器"管理两大资源：数据资源和功能资源。数据资源通过数据仓库来管理，而且是一种强兼容性的数据仓库，可以在同一个框架下，把来自不同生产厂商、不同格式、不同标准、分布在不同位置的数据统一在一个系统之下，同时也具有对分布式多源异构数据的管理能力。功能资源通过功能仓库来管理，且具有一个定义完备的功能仓库，支持以多种方式(组件、插件、流程、动态库、程序片断、脚本)提供功能应用，并能对这些功能以一种一致的方式进行调用及执行。"系统开发器"提供搭建式、插件式和配置式的开发，提供对流程、表单、应用程序界面和数据等完整的搭建方案。

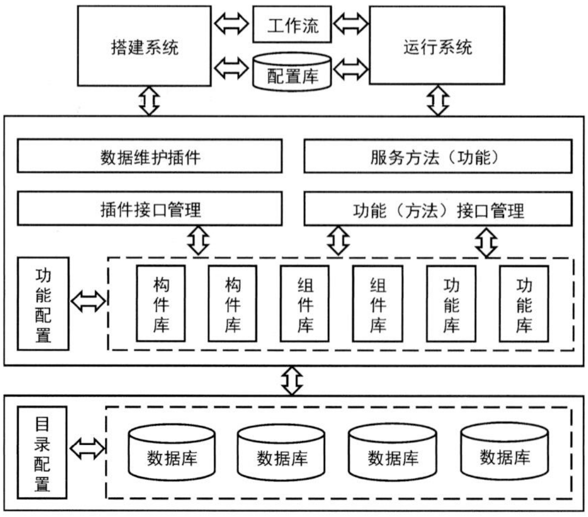

4-1　数据中心体系架构

二、数据中心数据仓库

数据中心首先是一个开放式的数据仓库，数据仓库是支持管理决策过程的、面向主题的、集成的、稳定的、随时间不断变化的数据集合，可以按照一定的主题域进行数据组织，能够统一管理各类空间数据、文档数据、关系数据、元数据，形成内容丰富的数据集合，也可组合成多专题的数据集。同时能够提供异构 GIS 数据的中间件、数据目录管理 、数据维护及安全机制，提供数据入库管理的清洗机制和方法、数据的挖掘(提取、分析、检索)等。数据仓库技术在目录系统上实现对数据的仓库式管理，无须格式转换即可直接管理主流 GIS 软件的空间数据，通过维护数据位置的描述可以得到该数据的位置及类型，通过合适的程序模块去访问该位置的数据。

数据中心采用中间件技术实现对各类数据的集成管理(图 4-2)。数据中间件包括 GIS 中间件、数据库中间件、文件驱动 3 类，基本上涵盖了所有可访问数据的驱动。由于采用中间件技术，系统屏蔽了各个数据源的异构性，通过使用数据中心统一数据访问接口，用户无须关心数据的位置、格式、驱动，可以统一、透明、一致的访问各类数据。同时还获得了以下关键特性：

(1)集成数据与数据源无关；

(2)数据模型规范、统一；

(3)数据存储管理可分布可集中；

(4)数据存储和数据处理松耦合；

(5)数据含义与表达分离；

(6)编程语言无关、数据库无关、平台无关；

(7)与数据挖掘、数据服务有机结合。

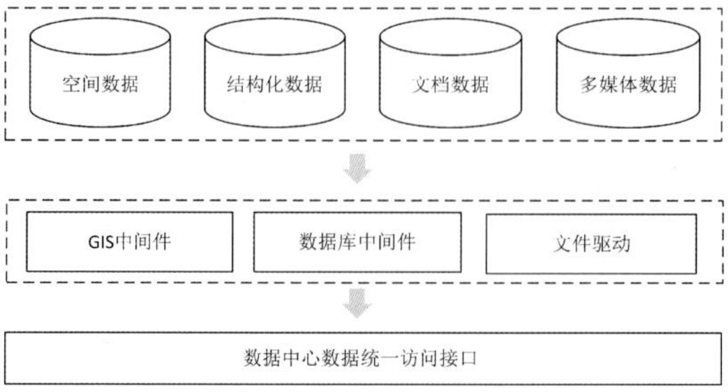

图 4-2　数据中心中间件技术

第三节　数据集成模型框架

一、面向实体的空间数据模型

空间数据模型是地理信息系统(GIS)研究的最基础内容。为适应新一代大型GIS的数据量巨大、拓扑关系复杂、数据种类多等特点，从一般认知过程出发，提出了一种新型GIS数据模型，即面向实体空间数据模型。它以实体为基本表达对象，具有较强的空间和语义表现力，支持语义表达和转换，兼顾支持制图与空间表达，对真实世界实体表现力强，数据组织合理，便于实现等优点。

在面向实体空间数据模型中，地理数据库是用于存储地理数据的数据库，提供管理地理数据服务(包括有效性规则、关系和拓扑关联)等。非空间实体被抽象为对象，空间实体被抽象为要素，相同类型的对象构成对象类，相同类型的要素构成要素类，若干对象类或要素类组成要素数据集，若干要素数据集构成地理数据库。要素在某个空间参照系中的几何特征被抽象为几何元素，几何元素由任意的点状、线状、面状几何实体或者地体实体组成，几何实体通过几何坐标点表达。该面向实体的空间数据模型概念见图4-3。

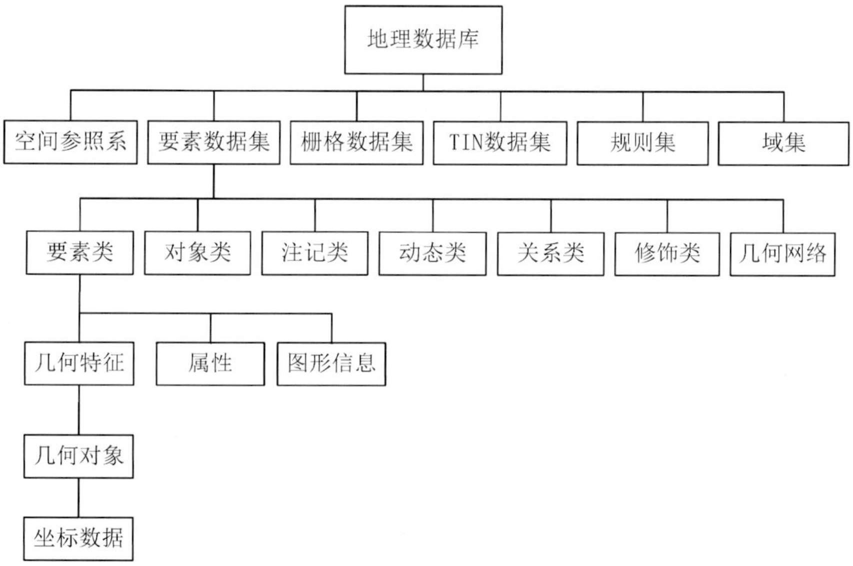

图4-3　面向实体空间数据模型概念

二、集成数据模型总体框架

基于“成果图件”“空间实体”“遥感影像”“文档资料”“数据元数据”“相关基础地质数据”“系统元数据”等概念抽象，矿产资源潜力评价成果数据库内容主要由阶段性研究已成形的图件(即已研究成形的地质数据产品:成果图件、遥感影像图件)及图件编图说明书、可持续维护和使用的具有地理空间属性和地质专业属性的地质实体、图件数据元数据、相关专题文档或成果报告以及相关基础地质数据等组成，因此，西北地区矿产资源潜力评价成果数据库，既不同于传统意义上的地质图件数据库，也不同于现代意义上的地理空间数据库，更不同于图件数据库与空间数据库的简单相加。

西北地区矿产资源潜力评价成果空间数据库，对成果图件管理的支撑，既要原样入库管理，又要原样回放或输出以及实现不同研究阶段或不同研究者的成果图件的版本管理，还要支持基于图件、图层、图元、属性、空间、矿种、专题等条件的检索与裁剪。对空间实体管理的支撑，既要支持不同专题、不同尺度空间实体的管理（包括版本管理），又要支持空间实体与图形表示的动态匹配的显示操作或简单输出，还要支持基于空间、尺度、属性、专题等条件的检索与裁剪。对遥感影像管理的支撑，既要原样入库管理（包括版本管理），又要原样回放或输出，还要支持与空间、矿种等条件的检索与关联。对文档资料、数据元数据管理的支撑，既要入库管理，还要支持与图件、矿种、专题等条件的检索与关联。对相关基础地质数据管理的支撑，主要支持与相关内容的集成处理。简言之，西北地区矿产资源潜力评价成果数据库，既要支持矿产资源潜力评价阶段性成果的管理与服务，还要支持可持续的、动态化的矿产资源潜力评价研究工作。

因此，基于西北地区矿产资源潜力评价成果空间数据库内容特点和应用要求的分析与抽象，结合“面向实体的空间数据模型”中“要素数据集”“栅格数据集”“域集”“规则集”“要素类”“对象类”“关系类”“注记类”“修饰类”“要素”“几何形态”“几何实体”“属性”等概念和模型，设计出西北地区矿产资源潜力评价集成数据结构模型。西北地区矿产资源潜力评价集成数据库数据模型总体框架如图 4-4 所示。

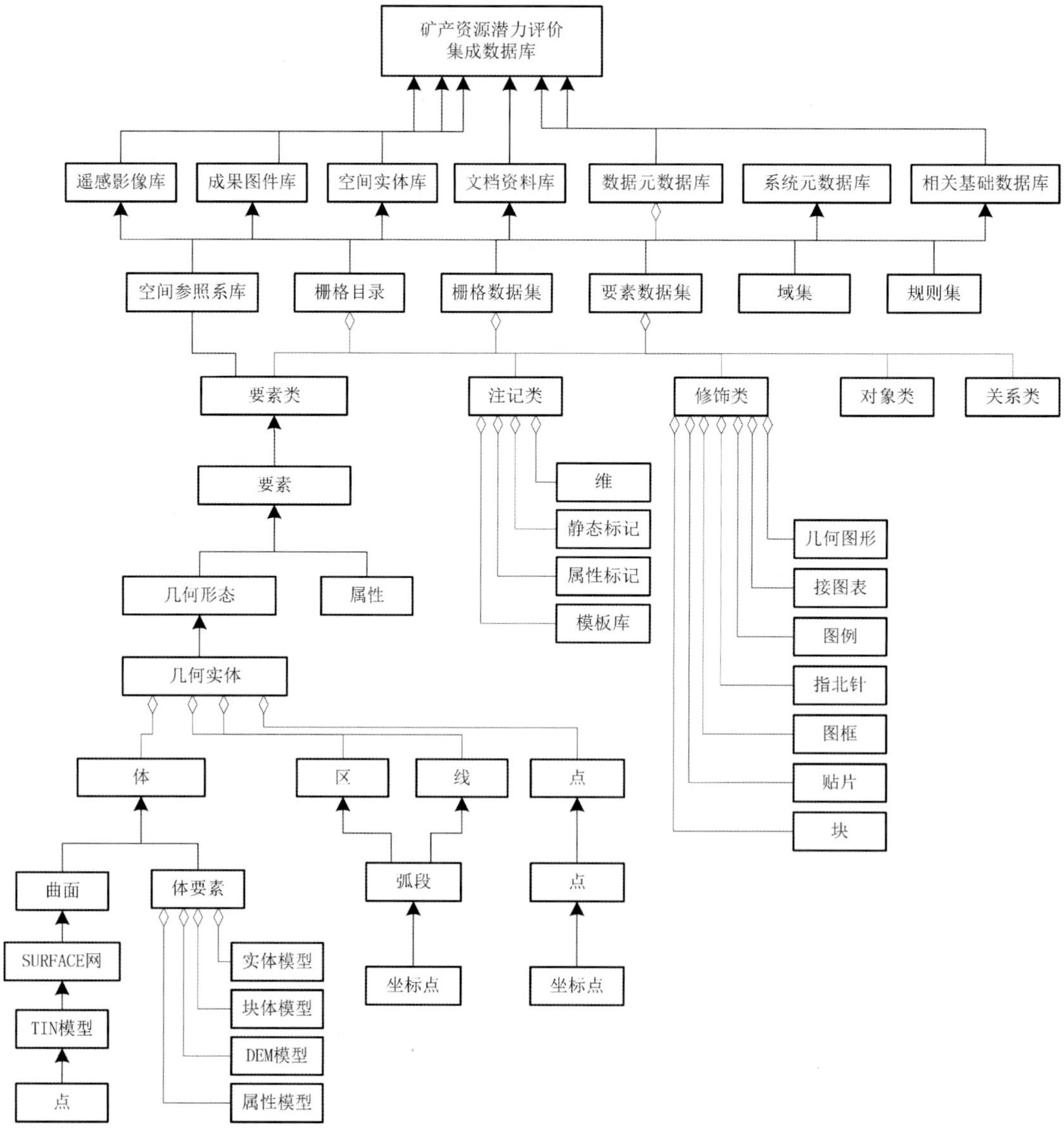

图 4-4　西北地区矿产资源潜力评价集成数据模型总体框架

三、集成数据模型分述

西北地区矿产资源潜力评价集成空间数据库由空间参照系库、成果图件库、空间实体库、遥感影像库、文档资料库、数据元数据库和系统元数据库等主要逻辑子库组成，其数据库模型现分别。

（一）空间参照系库模型

空间参照系库，主要由坐标系数据集、椭球体参数数据集、地理坐标系数据集、投影坐标系数据集、高程坐标系数据集、坐标轴参数数据集组成，用于定义和描述全国矿产资源潜力评价集成数据库中的所有图件和空间数据。空间参照系库模型见图 4-5。

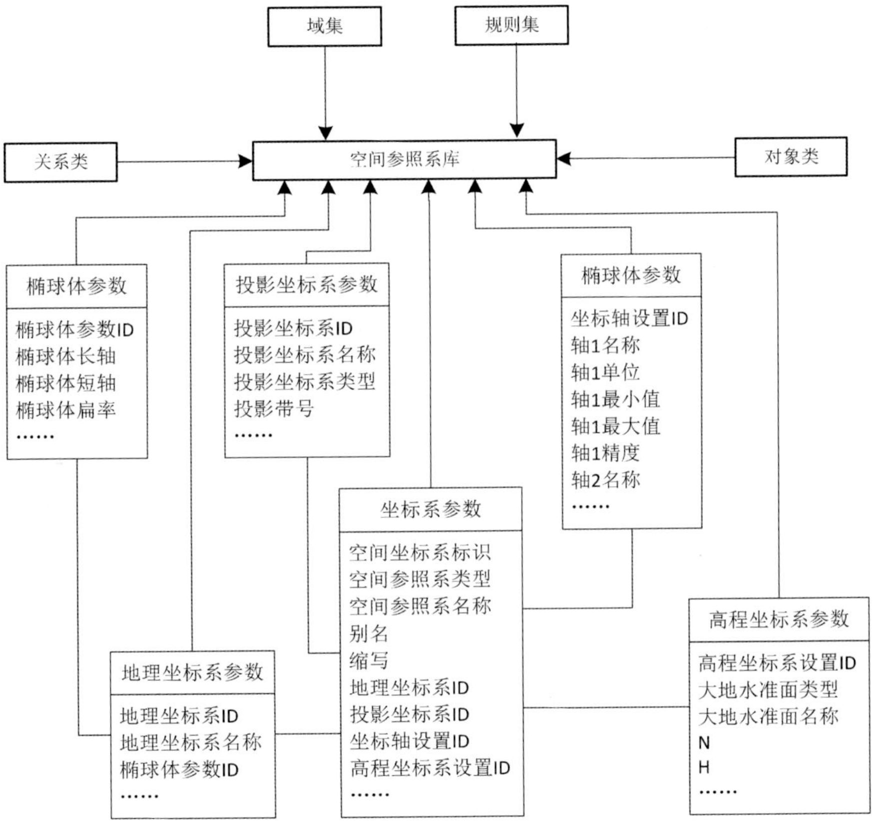

图 4-5　空间参照系库模型

（二）成果图件库模型

成果图件库主要由符合矿产资源潜力评价专项编图技术要求和图件数据模型规定的成矿地质背景研究、成矿规律研究、矿产预测研究、重力资料应用、磁测资料应用、化探资料应用、遥感资料应用、自然重砂资料应用等专业的各类图件组成。建立成果图件库的目的，就是将西北地区矿产资源潜力评价专项所形成的图件作为结论性的或历史性成果“原汁原味”地管理起来，便于今后参考、查阅或复用。

采用不同专题、不同级别、不同尺度组织方式，成果图件库对应地理数据库、图件集对应要素数据集的集合、图件对应要素数据集、图层对应要素类、图元对应要素，辅助图面要素对应注记类、修饰类等辅助制图要素，空间参照系与图件（或要素数据集）、图层（或要素类）关联，关系类、对象类既可以建立在成果图件库全局层次，也可以建立在图件集、图件、图层等局部层次。

成果图件库模型（以成矿地质背景研究的代表性成果图件：省级大地构造相图、分幅建造构造图为例细化成果图件数据库模型的描述）如图 4-6 所示。

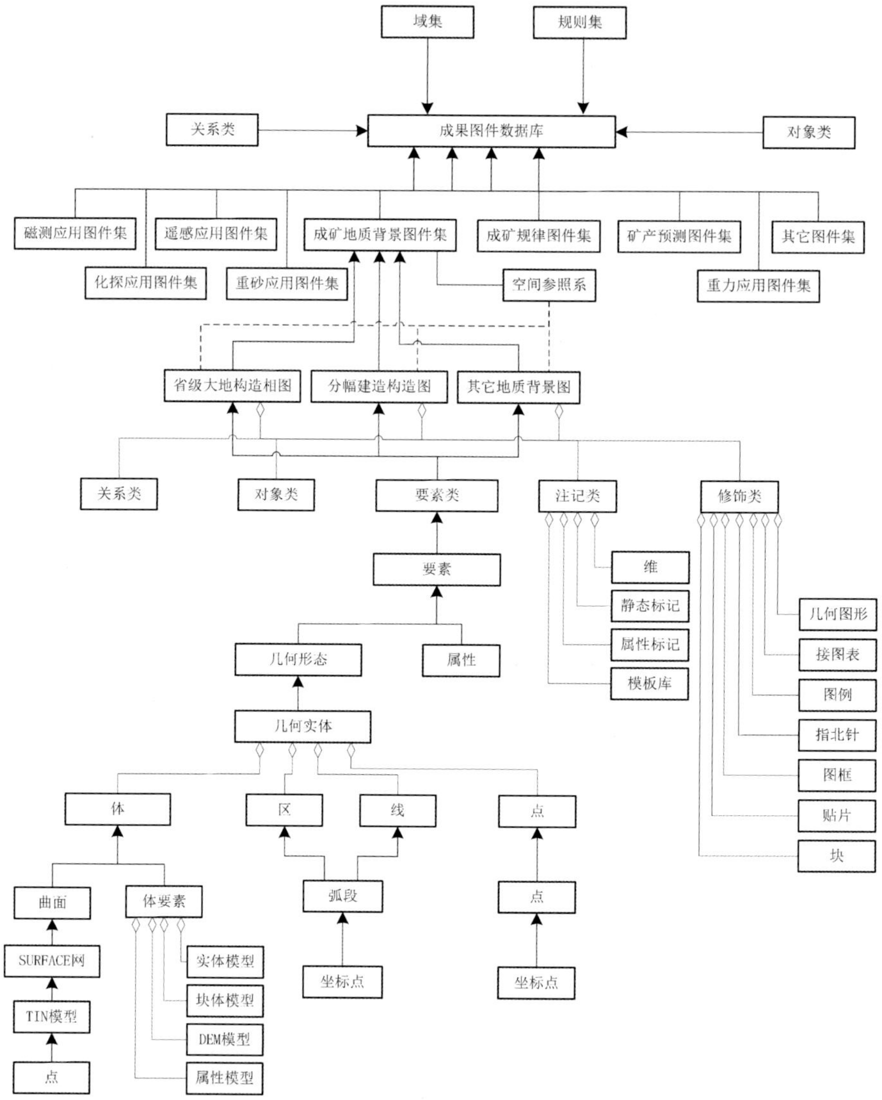

图 4-6 成果图件库模型

（三）空间实体库模型

空间实体，即具有空间属性和专业属性的实体。空间实体库的内容由地质或地理实体（例如：构造单元、成矿区带、预测区、远景区、矿产地、政区界、居民地）组成。目前空间实体数据主要有两种来源：一是从上述成果图件库的图件中按一定要求整理并提取；二是从其他数据源或图件中按同样要求整理并提取。空间实体由要素来具体实现，空间实体的分类对应要素类（简单要素类或复合要素类），空间实体数据集对应要素数据集。空间实体数据也采用不同专题、不同级别、不同尺度方式组织。空间实体库模型（以不同尺度的构造单元、地质界线、成矿区带实体数据或不同规模的矿产地实体数据为例细化空间实体库模型描述），如图 4-7 所示。

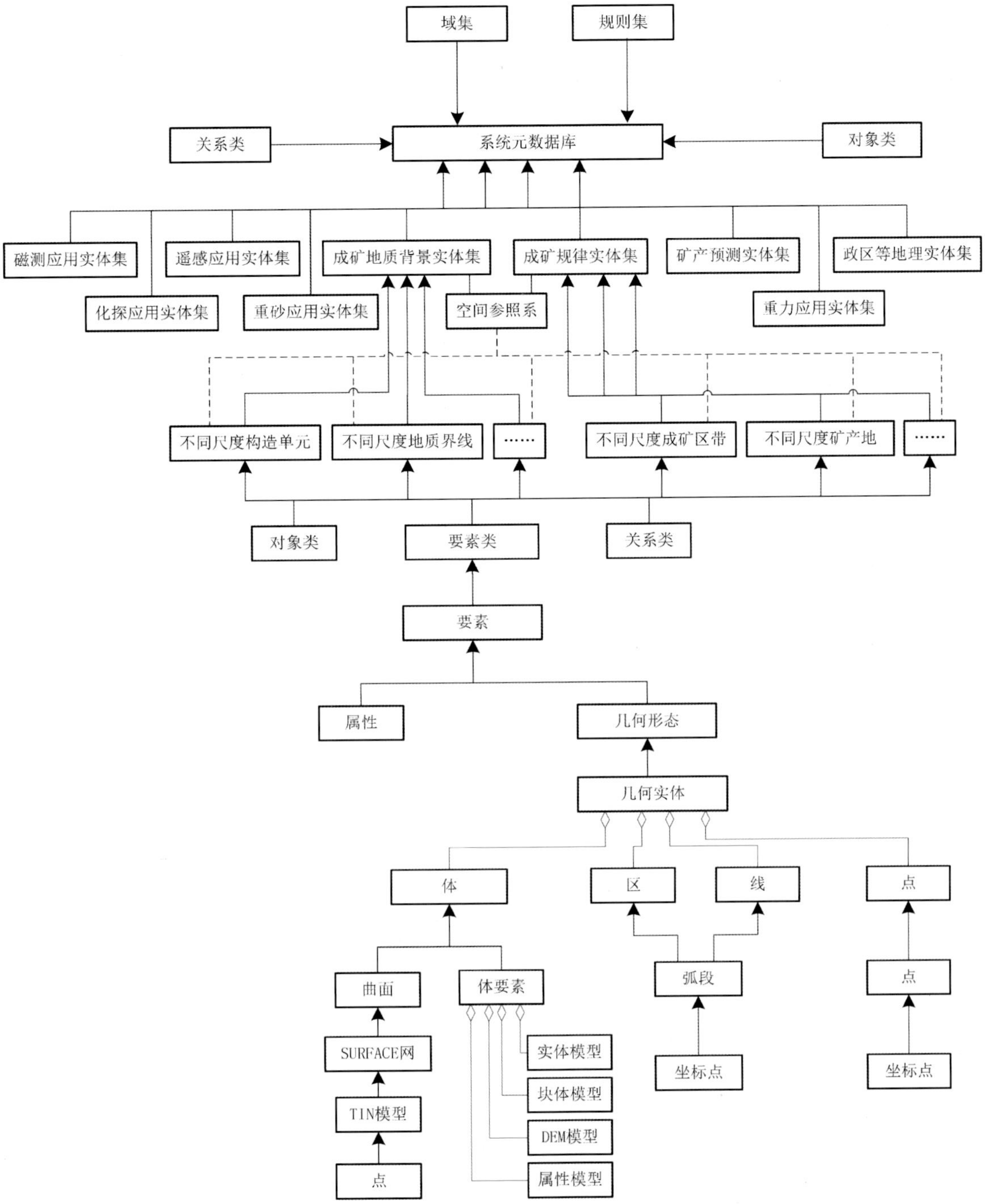

图 4-7　空间实体库模型

（四）遥感影像库模型

遥感影像库，包括典型矿床遥感影像图、预测工作区遥感影像图、标准分幅遥感影像图、省区遥感影像图、大区或全国遥感影像图，以及相关地理要素和辅助制图要素等信息），遥感影像库模型如图 4-8 所示。

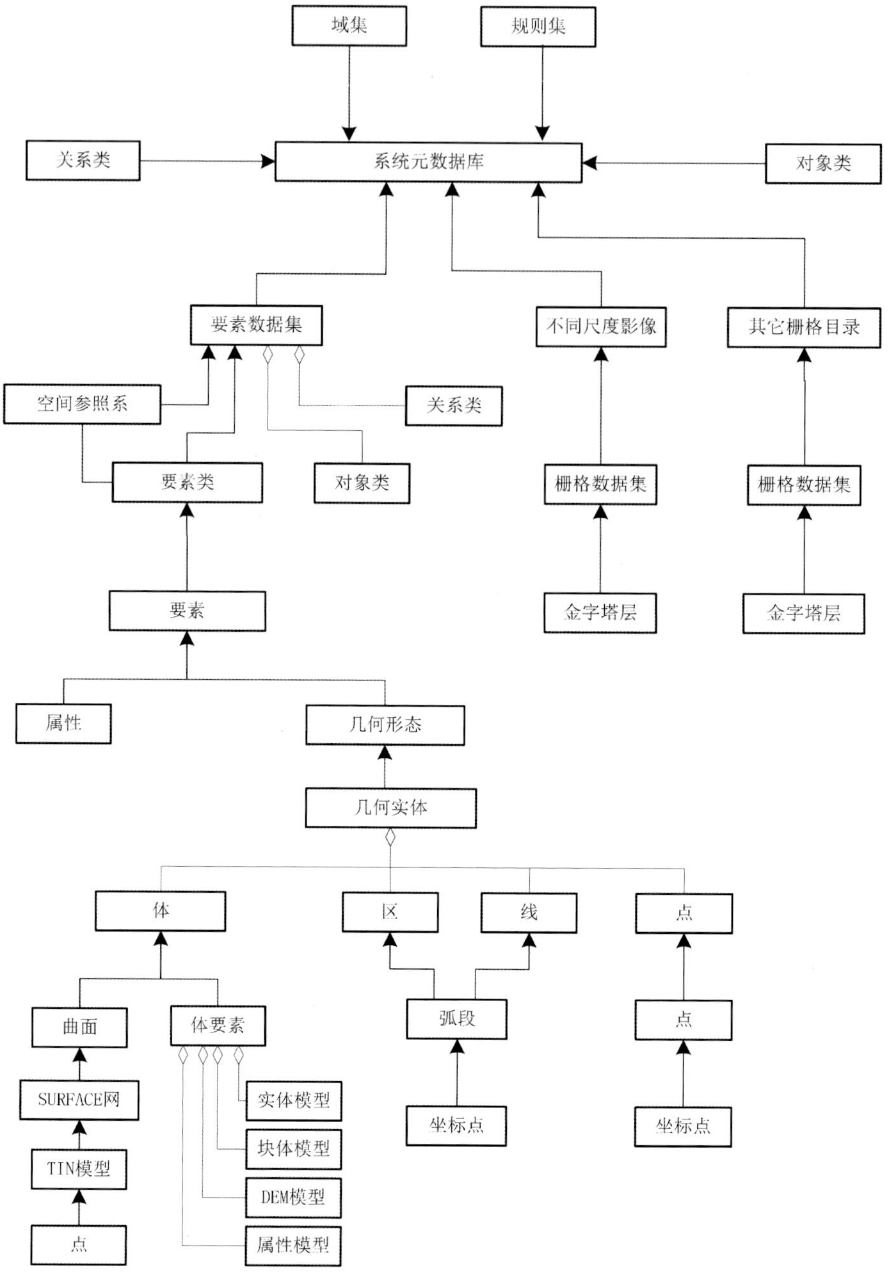

图 4-8　遥感影像库模型

(五)文档资料库模型

文档资料库即所有文字报告、编图说明书、表格数据(非结构化)、卡片扫描件或图片等电子资料,文档资料库模型如图 4-9 所示。

(六)数据元数据库模型

数据元数据库即上述成果图件、空间实体、遥感影像及其他相关成果数据的元数据等,数据元数据库模型如图 4-10 所示。

续表 4-1

逻辑子类	数据表计算机名	数据表描述	数据表号	字段数	合计	
					数据表数	字段数
空间实体数据库基本表	ENTITY_MPJDMGDB	省级省区实体数据入库索引表	88	50	16	655
	ENTITY_MPJDMGDC	大地构造分区实体数据入库索引表	89	49		
	ENTITY_MPJDMGDD	成矿区带实体数据入库索引表	90	50		
	ENTITY_MPJDMGDE	六大片区实体数据入库索引表	91	50		
	ENTITY_MPJDMGDF	全国范围实体数据入库索引表	92	47		
	ENTITY_MPJDMGDG	预测工作区实体数据入库索引表	93	56		
	ENTITY_MPJDMGDH	勘查工作部署区实体数据入库索引表	94	56		
	ENTITY_MPJDMGDI	典型矿床实体数据入库索引表	95	50		
	ENTITY_MPJDMGDA1	非标准分幅实体数据入库索引表	96	53		
	ENTITY_MPJDMGDIR	图件属性库实体数据入库索引表	97	37		
遥感影像库基本表	DIPMOPA_MPJ	图件信息表	98	32	16	653
	DIPMOPA_DATA	图层信息表	99	30		
	RS_RULEINDEX	遥感影像存储规则索引表	100	7		
	RS_RULE	遥感影像存储规则表	101	14		
	DIPMOPA_BAK	图件数据备份表	102	13		
	RS_MPJDMGDA	标准分幅遥感数据入库索引表	103	59		
	RS_MPJDMGDB	省级省区遥感数据入库索引表	104	50		
	RS_MPJDMGDC	大地构造分区遥感数据入库索引表	105	49		
	RS_MPJDMGDD	成矿区带遥感数据入库索引表	106	50		
	RS_MPJDMGDE	六大片区遥感数据入库索引表	107	50		
	RS_MPJDMGDF	全国范围遥感数据入库索引表	108	47		
	RS_MPJDMGDG	预测工作区遥感数据入库索引表	109	56		
	RS_MPJDMGDH	勘察工作部署区遥感数据入库索引表	110	56		
	RS_MPJDMGDI	典型矿床遥感数据入库索引表	111	50		
	RS_MPJDMGDA1	非标准分幅遥感数据入库索引表	112	53		
	RS_MPJDMGDIR	图件属性库数据入库索引表	113	37		
相关基础基本表	DIPMOPA_MPJ	图件信息表	114	32	9	179
	DIPMOPA_DATA	图层信息表	115	30		
	DIPMOPA_BAK	数据备份表	116	13		
	OTHER_RULE	相关基础存储规则表	117	14		
	OTHER_RULEINDEX	相关基础存储规则索引表	118	7		
	DIPMOPA_DOC	图件标准文档资料存储表	119	24		
	DIPMOPA_OTHER	图件其他文档表	120	17		
	DIPMOPA_ENTITY_DOC	实体标准文档资料存储表	121	24		
	DIPMOPA_ENTITY_OTHER	实体其他文档表	122	18		

续表 4-1

逻辑子类	数据表计算机名	数据表描述	数据表号	字段数	合计	
					数据表数	字段数
文档资料库基本表	DIPMOPA_DOC	图件标准文档资料存储表	123	24	4	83
	DIPMOPA_OTHER	图件其他文档表	124	17		
	DIPMOPA_ENTITY_DOC	实体标准文档资料存储表	125	24		
	DIPMOPA_ENTITY_OTHER	实体其他文档表	126	18		
数据元数据库基本表	DATAMETA_CONINFO_TBL	图件数据元数据内容信息	127	18	18	502
	DATAMETA_DISTINFO_TBL	图件数据元数据分发信息	128	30		
	DATAMETA_DQINFO_TBL	图件数据元数据数据质量信息	129	31		
	DATAMETA_KEYWORDS_TBL	图件数据元数据关键词信息	130	15		
	DATAMETA_MAINTINFO_TBL	图件数据元数据维护信息	131	28		
	DATAMETA _MDCONTACT_TBL	图件数据元数据联系单位信息	132	26		
	DATAMETA_MDINFO_TBL	图件数据元数据概要信息	133	19		
	DATAMETA_REFSYSINFO_TBL	图件数据元数据参照系信息	134	22		
	DATAMETA_DATAIDINFO_TBL	图件数据元数据标识信息	135	62		
	ENTITY_DATAMETA_CONINFO_TBL	实体数据元数据内容信息	136	18		
	ENTITY_DATAMETA_DISTINFO_TBL	实体数据元数据分发信息	137	30		
	ENTITY_DATAMETA_DQINFO_TBL	实体数据元数据数据质量信息	138	31		
	ENTITY_DATAMETA_KEYWORDS_TBL	实体数据元数据关键词信息	139	15		
	ENTITY_DATAMETA_MAINTINFO_TBL	实体数据元数据维护信息	140	28		
	ENTITY_DATAMETA_MDCONTACT_TBL	实体数据元数据联系单位信息	141	26		
	ENTITY_DATAMETA_MDINFO_TBL	实体数据元数据概要信息	142	19		
	ENTITY_DATAMETA_REFSYSINFO_TBL	实体数据元数据参照系信息	143	22		
	ENTITY_DATAMETA_DATAIDINFO_TBL	实体数据元数据标识信息	144	62		
合计					144	3465

二、数据集成物理模型实现图

集成数据库物理模型基本框架见图4-15，集成数据库物理模型实现见图4-16。

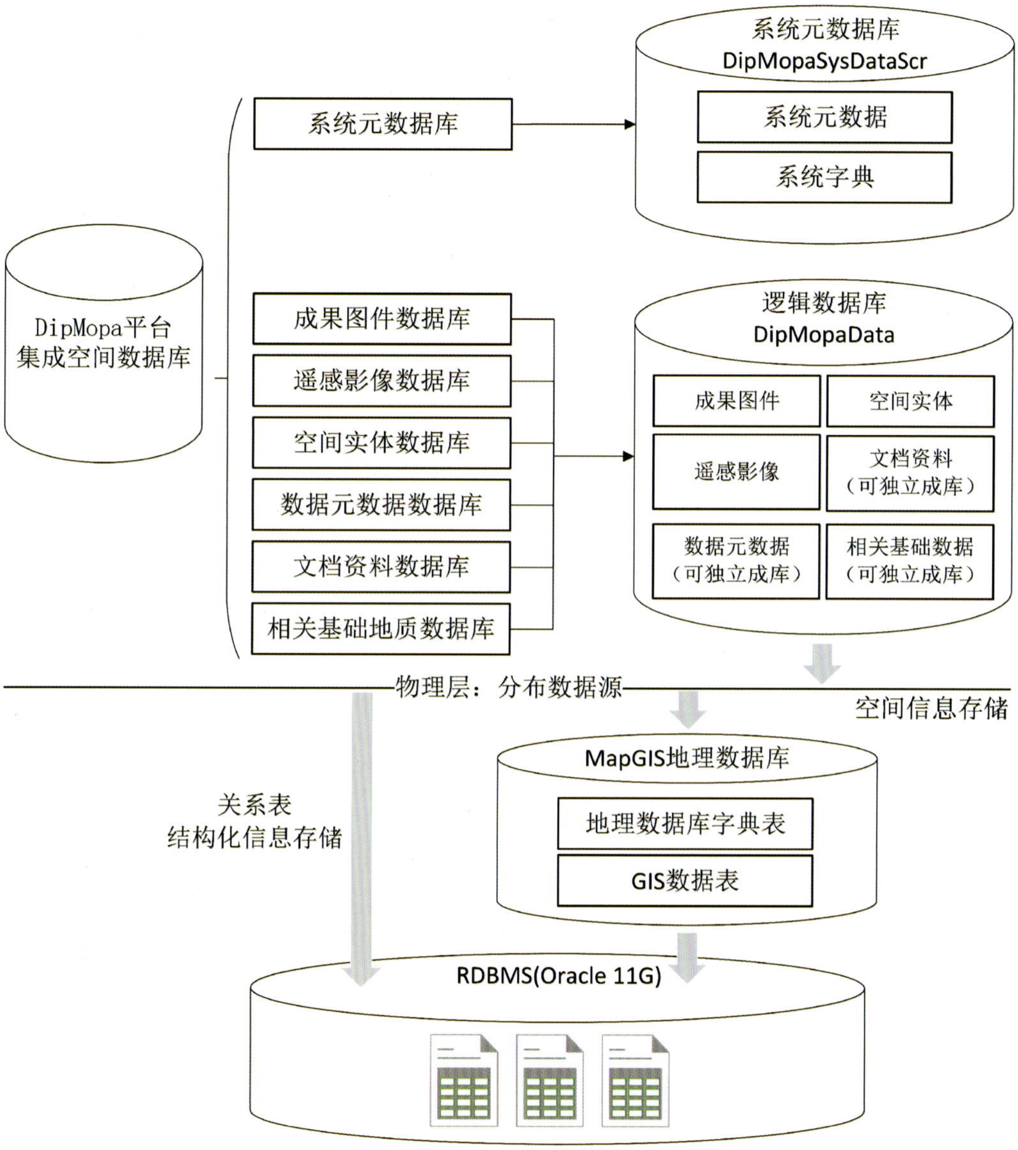

图4-15　集成数据库物理模型基本框架图

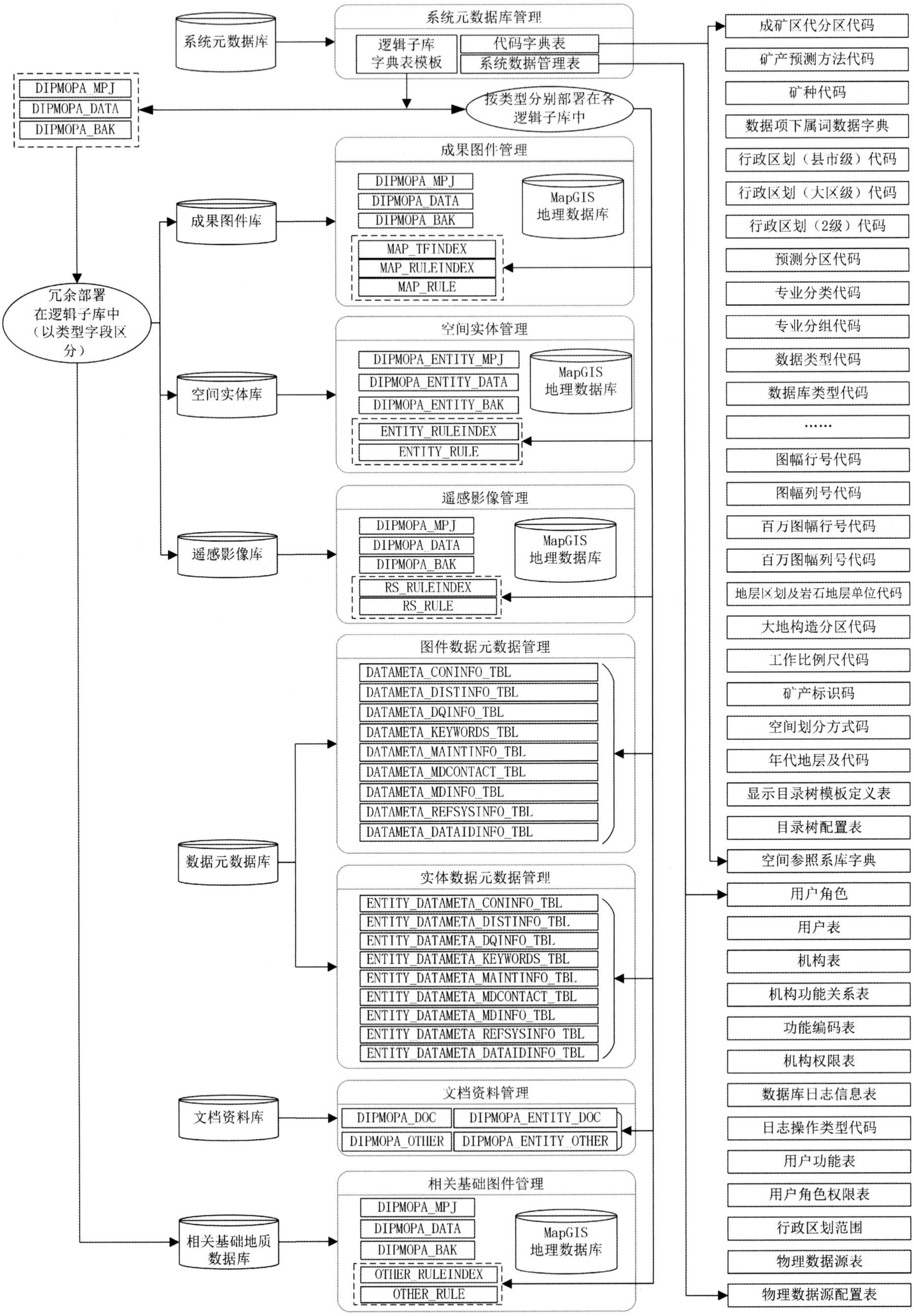

图 4-16　集成数据库物理模型实现图

第五章　集成管理系统介绍

第一节　成果管理系统简介

西北地区潜力评价成果集成管理系统建设目标，是利用数据库、GIS 和管理信息技术，将西北地区重要矿产资源潜力评价相关成果数据，包括西北五省（区）23 个矿种（铁、铝、铜、铅、锌、金、钾、磷、钨、锑、稀土、锰、镍、锡、铬、钼、银、硼、锂、硫、萤石、菱镁矿、重晶石）、八大专业类型（成矿地质背景研究、成矿规律研究、重力资料应用、磁测资料应用、化探资料应用、遥感资料应用、重砂资料应用、矿产预测研究）的矿产资源数据、矿产资源潜力评价数据、矿产资源管理数据及其他数据进行有效的集成汇总、集成、管理；并搭建出基于集成数据库的矿产资源应用系统、工具的综合性应用平台，能够提供地质调查各项业务信息化管理功能体系，实现地质调查信息的管理、应用、交换和共享，矿产资源信息动态监测、综合预测和领导辅助决策等功能。

西北地区潜力评价成果集成管理系统建设是综合信息集成课题的主要成果，主要基于全国矿产资源潜力评价项目组开发的矿产资源潜力评价资料性成果汇总建库管理系统软件 DipMopa 进行管理，DipMopa 包括数据集成管理系统（简称 DipMopa-DBS）、应用搭建环境（简称 DipMopa-Dev）、数据集成辅助软件工具系列（简称 DipMopa-KIT）、应用管理器（简称 DipMopa-APP）4 个部分，分别对应数据集成管理、应用搭建和软件工具集合应用等主体功能模块。矿产资源潜力评价数据集成平台组成结构见图 5-1。

图 5-1　DipMopa 平台组成结构图

第二节　系统技术架构

矿产资源潜力评价数据集成管理应用平台 DipMopa 的技术框架可分为 5 个技术层:基础设施层、数据存储层、数据管理层、应用搭建层、用户应用层,逐层简述如下。

(一)DipMopa 平台基础设施层

基础设施层,即 DipMopa 基础层(DipMopa 平台基础支撑环境),包括硬件基础设施、软件基础设施、网络基础设施。

(二)DipMopa 平台数据存储层

数据存储层,即 DipMopa 集成数据库,包括系统元数据库、成果图件库、空间实体库、遥感影像库、文档资料库、数据元数据库、以及与矿产资源潜力评价相关的基础地质数据库等。

(三)DipMopa 平台数据管理层

数据管理层,即 DipMopa 集成数据库管理系统,包括数据建库功能模块、数据编辑处理功能模块、图件输出功能模块、数据交换功能模块、数据管理功能模块、查询检索功能模块、综合统计功能模块、数据版本管理功能模块。

(四)DipMopa 平台应用搭建层

应用搭建层,即 DipMopa 平台的应用搭建环境,包括异构功能仓库、异构资源管理、界面设计及配置工具、空间数据操作工具、可视化分析建模、应用系统快速构建、功能定制工具、权限及维护工具等。

(五)DipMopa 平台用户应用层

用户应用层,即 DipMopa 平台的用户应用层,包括基于 DipMopa 平台应用搭建环境搭建的多种应用、数据管理应用、数据发布应用、数据挖掘应用(统计、分析、评价、规划、部署……)等。

DipMopa 平台分层技术架构如图 5-2 所示。

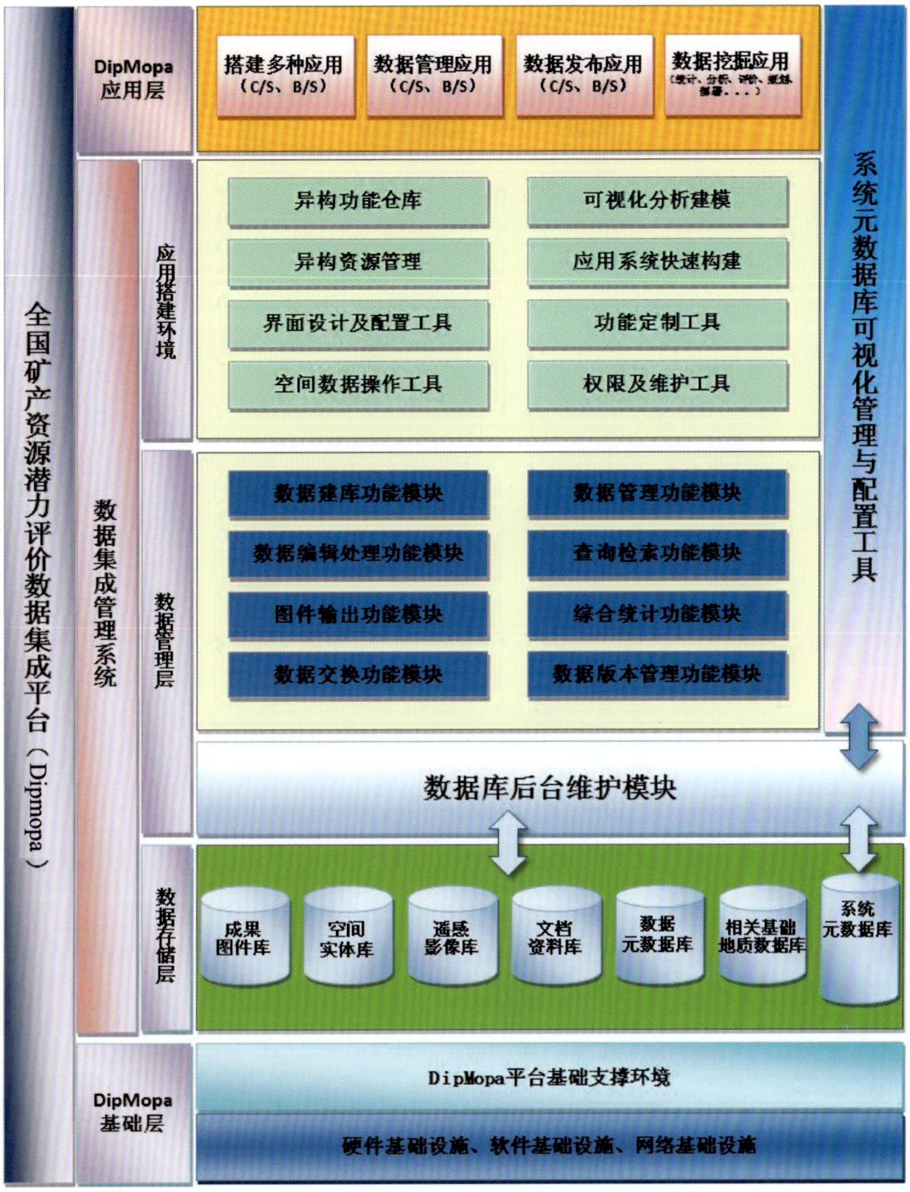

图 5-2 DipMopa 平台分层技术架构

第三节 系统部署环境

西北矿产资源潜力评价数据类型多样，数据量巨大，成果图件共计 20 080 幅，占用存储空间 870G，原始数据共计 5T。本次工作采用中心服务器加分布式计算的工作模式，所有数据集中存储于中心服务器中，中心服务器采用大容量磁盘阵列进行数据管理，并引入权限管理和自动备份功能，不仅能够大大提高数据访问效率，同时还增强了安全性和可靠度。采用局域网环境，可在局域网内实现数据库分布式管理、多用户同时访问。西北矿产资源潜力评价综合成果管理与应用系统是基于由 6 台本地计算机连接的局域网建设的，其部署模式如图 5-3 所示。

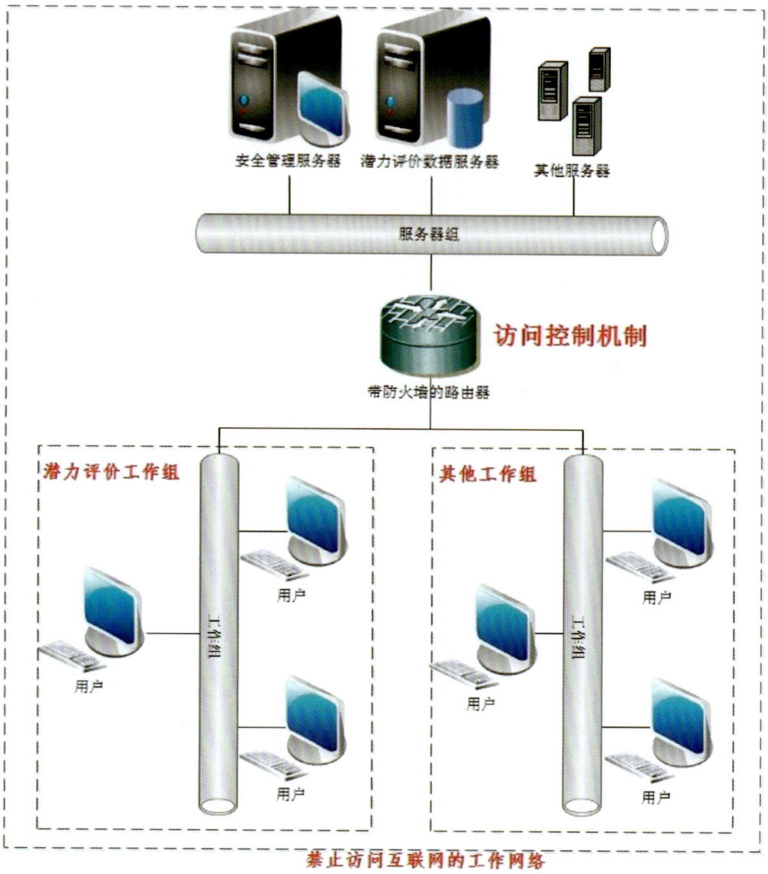

图 5-3　系统部署图

由于西北矿产资源潜力评价数据的海量性以及成果图件的复杂性，系统对服务器端和客户端的软、硬件有一定的要求，具体如下。

一、服务端环境

“西北矿产资源潜力评价综合成果管理与应用系统”采用 C/S 结构，服务器端为数据的提供方，目前共管理数据 4T，其中潜力评价成果数据约为 1T，其他数据为 3T(其中遥感影像数据 2T)。服务器端的压力主要在数据获取、网络传输及数据检索时对运算速度的要求。

数据服务器：安装 Oracle 数据库，负责管理空间地理数据。如果处理量很大，可以考虑采用服务器集群方式，使不同的服务器处理不同辖区的数据。数据库服务器采用大容量硬盘存储数据，双机热备份；采用光盘作为非在线备份介质保存数据。

备份服务器：安装 Oracle 数据库，负责备份空间地理数据。

考虑到数据处理任务较为繁重，所以数据服务器选用计算能力强、扩展能力强、安全稳定的 IBM X3850 X5 系列服务器，此服务器完全能够满足该平台的现时要求及今后的任务扩展。

备份服务器对于计算能力要求较低，但对于安全无故障运行要求较高，所以选用了 IBM X3250 M4 作为备份服务器，主要考虑到其稳定性较好，且能耗和功率较低，外接 UPS 电源，即便断电，也能较长时间维持运行。

数据获取主要是指服务器从磁盘获取数据的速度，我们采用初志 EXP3000 集群存储解决方案，处理海量数据具有一般存储阵列难以匹敌的优势，存储、读取速度快，数据安全性高，系统稳定性强，是此

户可以依据大区(专题-专题图类)-省(市/自治区)(基础编图/矿种编图),省(市/自治区)基础编图-专题图类、省(市/自治区)矿种编图-省区范围(专题)/预测工作区(专题)/典型矿床(专题),专题-成矿地质背景研究/重力资料应用/磁测资料应用/化探资料应用/遥感资料应用/自然重砂资料应用/成矿规律与矿产预测,专题图类-本专题所有图类等目录层次导航到所要的图件及相关资料,进行浏览、查看、转换(投影、格式)、下载(导出)等操作,用户可根据实际需要选择合适操作方式调阅数据(图 5-5、图 5-6)。

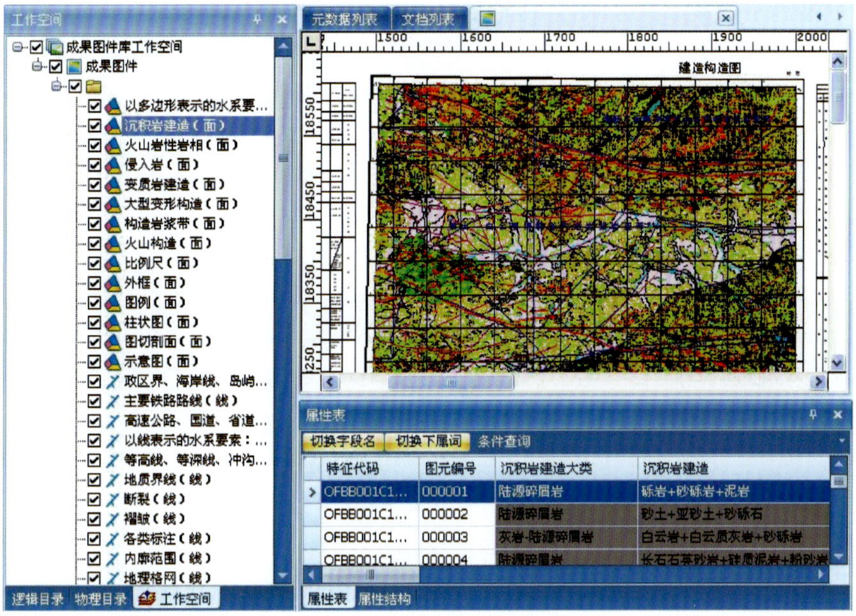

图 5-5　专题图件调阅浏览

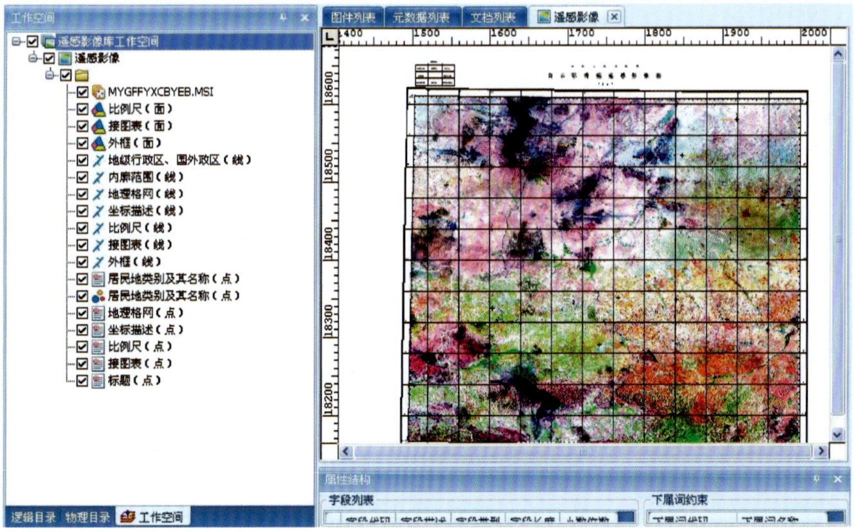

图 5-6　遥感影像调阅浏览

4. 检索数据

用户可以依据通用条件(行政区代码、专题类、矿种、图件比例尺)、空间条件(行政区范围、标准分幅、矿种预测工作区范围、典型矿床研究区范围)、图件类条件(各专题所图件类列表)、图层类条件(图层类列表)、图元类条件(图元类列表)、图元属性条件(图元属性列表)等组合检索到所要的图件、图层、图元及相关资料,进行浏览、查看、转换(投影、格式)、下载(导出)等操作,可以检索一幅或多幅,检索条件多种多样,对检索条件产生的图件/实体结果列表，可以通过复选结果，利用“结果导出”功能进行报表输出，也可以通过“目录树更新”功能，直接建立当前选中结果进行目录树组织查看和相应展示（图 5-7、图 5-8）。

1）按元数据查询

根据元数据属性字段和属性值，形成 SQL 语句查询。

2）按专题类别等查询

根据成果图件的专题分类、类型标识、比例尺等条件进行查询。

3）按空间实体查询

根据空间实体所在行政区、所属矿种、专业分类、图件分类、比例尺等条件进行查询。

4）按属性字段查询

根据成果图件库、空间实体库、遥感影像库的数据表字段值进行查询。

5）数据下载

根据实际需要，勾选一个或多个已上载到数据库中的图件下载到本地。

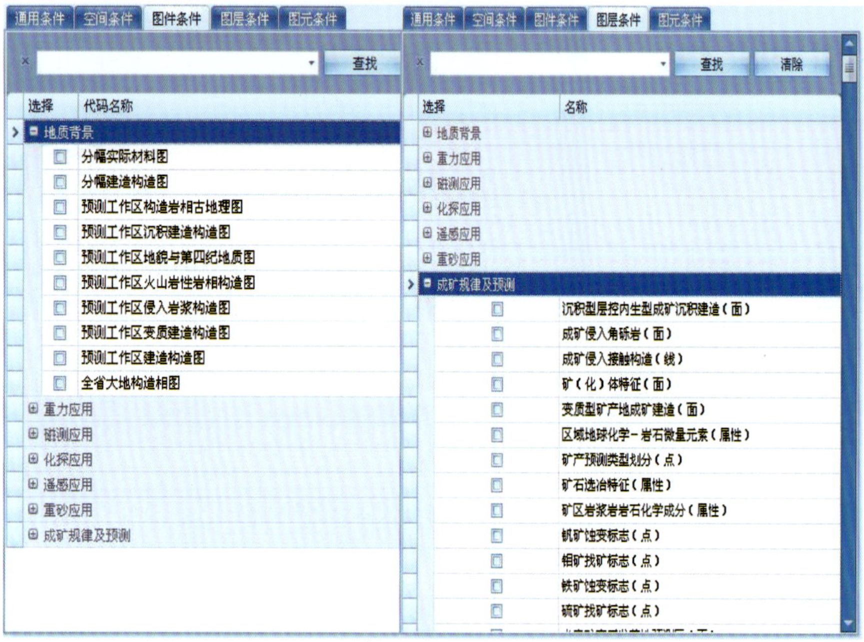

图 5-7　成果图件检索图件类、图层类条件

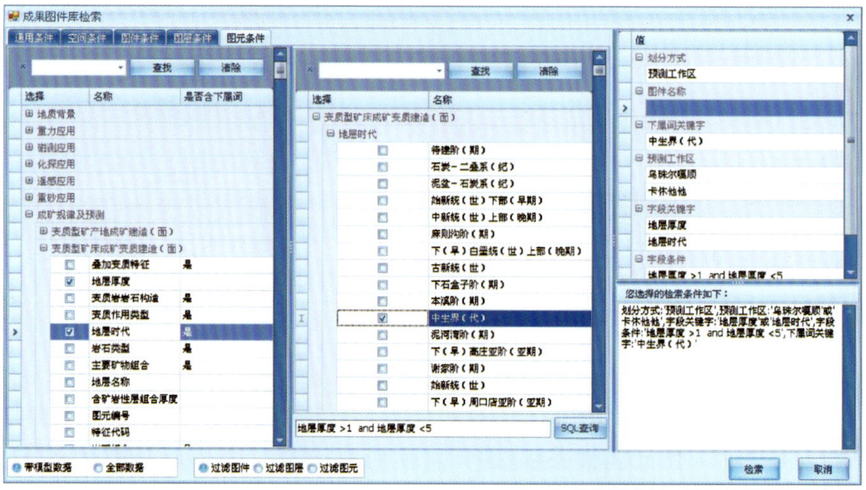

图 5-8　成果图件检索图元类、图元属性条件

5. 统计相关内容

综合统计可以对已入库数据，从工作程度上进行统计分析，包括工作量（分幅建造图编制情况）、实物量（空间实体的数量）、成果（某矿种预测资源量）等；从专业角度上进行统计分析，包括属性、空间以及属性和空间相结合的统计分析。统计结果可以用各种适合的形式表达出来，比如自动生成统计结果的专题图，形成专业统计表格，并能生成统计直方图、饼图等。

（1）数据内容数量统计。用于统计已入库成果图件、空间实体、遥感影像等类型数量、矿种数量、专业图件数量，并最终形成统计图。

（2）日志管理。详细记录了每个登录用户在系统中的每一步操作行为，通过存储日志文件能够方便查找到历史记录，便于维护人员进行数据管理，保证数据安全。

三、DipMopa 平台应用搭建子系统

DipMopa 平台应用搭建子系统（DipMopa-DEV），主要包含应用搭建环境部分，也部分涉及了数据存储层和数据管理层的一些功能，是整个 DipMopa 平台研发工作的重要组成部分。它主要利用各级矿产资源潜力评价数据，提供矿产资源潜力评价业务定制搭建环境，实现系统应用快速搭建和功能集成。

（1）搭建应用系统。搭建应用环境（DipMopa-DEV）提供应用系统界面集成设计器、目录系统配置、功能菜单配置、工具栏配置、状态栏配置、界面角色配置等系统功能，用以搭建具体的应用软件系统。

（2）搭建模块组件。用以自由搭建应用系统所需的功能模块、组件等（包括图件入库、空间实体库建立、图形浏览查询、空间图形编辑、空间分析模块、组件等）。

（3）功能仓库管理。实现 GIS 工作流用户设计器、功能插件视窗、属性编辑视窗、表单设计器（页面、报表）。

四、DipMopa 平台软件工具箱子系统

该系统提供基于 DipMopa 平台的、具有通用共性的功能模块和数据库应用工具集合，随着将 DipMopa 平台的功能仓库不断完善和扩充后，进行相应的集成扩充。

1. 入库数据检查工具

入库数据检查工具可实现成果图件、空间实体、遥感影像、相关基础数据入库前检查，包括数据规范检查、数据元数据检查、文档资料检查等；实现多个行政区数据的批量检查；实现一键式检查，检查结果一目了然；提供检查结果导出功能，方便用户检查数据。

2. 服务管理工具

服务管理工具用于管理数据存储服务、DCS 核心服务、IGServer 集群服务、IGServer 管理服务和 IGServer WEB 服务的管理、安装/卸载和状态监视。

3. 数据分发工具

数据分发工具可将数据从数据库中下载到本地，并对分发过程进行登记，严密监控数据的流向。

4. 版本管理工具

版本管理工具可利用 HDF 文件更新现有版本的数据，更新完后，数据库中可存放多个版本数据。

五、DipMopa 平台应用管理器子系统

该系统提供基于 DipMopa 平台数据库和搭建环境搭建的各类应用软件系统的统一注册、资源和权限分配的应用管理，即应用管理器。

1. 应用系统注册管理

注册应用系统，主要对需要上线管理的 APP 应用进行注册名称和权限分配、数据和应用资源分配，确保 APP 系统能按照分配好的权限和资源得以使用，使矿产资源潜力评价数据得到更深、更广的应用。

2. 应用系统注销管理

注销应用系统时应用系统不能正常使用。

3. 应用系统资源分配

应用系统资源分配是指应用系统使用权限等资源的分配。给不同用户赋予不同专业分类、不同矿种、不同比例尺数据的应用权限。

4. 应用管理操作界面

通过界面可配置每个功能模块的图标、背景图片等信息。

第六章　集成数据库建设

第一节　数据库建设目标

西北地区矿产资源潜力评价工作所形成的重要基础、中间和最终成果数据(主要指图件及其属性库、遥感影像、编图说明书、图件元数据、文档报告、数据表格以及相关内容清单等)将作为国家基础性、战略性成果和数据资源,具有长期保存和支撑利用价值,同时具有可持续更新维护的必要性。

西北地区矿产资源潜力评价集成空间数据库建设首要目标是开展西北地区矿产资源潜力评价成果资料性汇总,将涵盖西北地区范围内的基础地质数据库、矿产资源潜力评价原始资料、基础性成果、综合性成果整理入库,建立西北地区矿产资源潜力评价集成空间数据库。同步开展矿产资源潜力评价数据库一体化管理与开发研究,构建并扩展一个潜力评价应用与基础数据源关联的、贯通省西北地区的矿产资源潜力评价技术平台,支撑不同规模尺度矿产资源潜力评价常态化工作,为西北地区矿政管理、资源保护利用、宏观规划布局等提供数据、技术等基础支撑。

第二节　入库数据内容

西北地区矿产资源潜力评价集成数据库入库内容包括 3 个部分。

一、省级基础性成果

省级基础性成果包括西北五省(自治区)矿产资源潜力评价基础地质编图成果及相关资料(表 6-1)、23 个矿种(组)预测工作区、典型矿床研究区潜力评价专题编图成果(表 6-2)及相关资料和矿产资源潜力评价省级综合编图成果(表 6-3)。省级基础性成果，按专业可分为成矿地质背景研究、成矿规律研究、矿产预测评价、重力资料应用、磁测资料应用、化探资料应用、遥感资料应用、自然重砂资料应用等编图成果;按矿种可分为铁、铝、铜、铅、锌、金、钾、磷、钨、锑、稀土、锰、镍、锡、铬、钼、银、硼、锂、硫、萤石、菱镁矿、重晶石 23 个矿种编图成果;按空间尺度可分为省行政区、1∶25 万标准分幅、预测工作区、典型矿床研究区等编图成果。

表 6-1　西北五省(自治区)省级矿产资源潜力评价基础地质编图成果

序号	省(区)	省级专题分类	成果类别
1	西北五省(自治区)包括陕西、宁夏、甘肃、青海、新疆	成矿地质背景研究	分幅实际材料图及属性库、编图说明书、元数据
			分幅建造构造图及属性库、编图说明书、元数据
			省级大地构造相图及属性库、编图说明书、元数据
			省级大地构造相图过渡性图件、编图说明书、元数据
		重力资料应用	省级重力推断地质构造图及属性库、编图说明书、元数据
			省级重力工作程度图及属性库、编图说明书、元数据
			省级布格重力异常图及属性库、编图说明书、元数据
			省级剩余重力异常图及属性库、编图说明书、元数据
		磁测资料应用	省级磁法推断地质构造图及属性库、编图说明书、元数据
			省级磁异常分布图及属性库、编图说明书、元数据
			省级航磁工作程度图及属性库、编图说明书、元数据
			省级地磁工作程度图及属性库、编图说明书、元数据
			省级航磁 ΔT 等值线平面图及属性库、编图说明书、元数据
			省级航磁 ΔT 化极等值线平面图及属性库、编图说明书、元数据
			省级航磁 ΔT 化极垂向一阶导数等值线平面图及属性库、编图说明书、元数据
		化探资料应用	省级地球化学采样点位图及属性库、编图说明书、元数据
			省级地球化学景观图及属性库、编图说明书、元数据
			省级地球化学工作程度图及属性库、编图说明书、元数据
			省级单元素地球化学图及属性库、编图说明书、元数据
			省级单元素地球化学异常图及属性库、编图说明书、元数据
			省级地球化学综合异常图及属性库、编图说明书、元数据
			省级地球化学推断地质构造图及属性库、编图说明书、元数据
		遥感资料应用	省级遥感构造解译图及属性库、编图说明书、元数据
			省级遥感异常组合图及属性库、编图说明书、元数据
			分幅遥感矿产地质特征解译图及属性库、编图说明书、元数据
			分幅遥感羟基异常分布图及属性库、编图说明书、元数据
			分幅遥感铁染异常分布图及属性库、编图说明书、元数据
		自然重砂资料应用	省级自然重砂工作程度图及编图说明书、元数据
			省级自然重砂采样点位图及编图说明书、元数据
			省级自然重砂异常图及属性库、编图说明书、元数据
2		遥感资料应用	分幅遥感影像图及编图说明书、元数据(与该遥感影像图配套 MapGIS 工程文件(*.mpj)、GeoTiff 格式、Tiff 格式、MSI 格式、Gray 格式)
			省级遥感影像图及编图说明书、元数据(与该遥感影像图配套 MapGIS 工程文件(*.mpj)、GeoTiff 格式、Tiff 格式、MSI 格式、Gray 格式)
3		成矿地质背景研究、成矿规律研究、矿产预测研究、重力资料应用、磁测资料应用、化探资料应用、遥感资料应用、自然重砂资料应用	总体设计报告(分年度)、专题设计报告(分年度)、专题研究报告及相关资料、数据、文档等

表 6-2　西北五省(自治区)矿产资源潜力评价 23 个矿种潜力评价编图成果

序号	省(区)	矿种	专题分类	成果类别
1	西北五省(自治区)包括陕西、宁夏、甘肃、青海、新疆	23 矿种(铁、铝、铜、铅、锌、金、钨、锑、钾、稀土、磷、锡、钼、镍、锰、铬、银、锂、硫、硼、萤石、菱镁矿、重晶石)	成矿地质背景研究	预测工作区构造岩相古地理图及属性库、编图说明书、元数据
				预测工作区沉积建造构造图及属性库、编图说明书、元数据
				预测工作区地貌与第四纪地质图及属性库、编图说明书、元数据
				预测工作区火山岩性岩相构造图及属性库、编图说明书、元数据
				预测工作区侵入岩浆构造图及属性库、编图说明书、元数据
				预测工作区变质建造构造图及属性库、编图说明书、元数据
				预测工作区建造构造图及属性库、编图说明书、元数据
			成矿规律研究	省级矿产预测类型分布图及属性库、编图说明书、元数据
				典型矿床成矿要素图及属性库、编图说明书、元数据
				预测工作区区域成矿要素图及属性库、编图说明书、元数据
				省级单矿种(组)区域成矿规律图及属性库、编图说明书、元数据
				省级区域成矿规律图及属性库、编图说明书、元数据
				典型矿床研究资料 Excel 表格
			矿产预测研究	典型矿床预测要素图及属性库、编图说明书、元数据
				预测工作区区域预测要素图及属性库、编图说明书、元数据
				预测工作区矿产预测类型预测成果图及属性库、编图说明书、元数据
				省级单矿种(组)预测成果图及属性库、编图说明书、元数据
				省级单矿种(组)勘查工作部署图及属性库、编图说明书、元数据
				省级单矿种(组)未来矿产开发基地预测图及属性库、编图说明书、元数据
				单矿种(组)Ⅳ_Ⅴ级成矿区带图、编图说明书、元数据
				与预测相关过渡图件(预测工作区预测单元图、预测工作区最小预测区优选分布图、省级矿产预测类型最小预测区分布图)
				与预测相关 Excel 表格(典型矿床深部及外围共伴生矿产数据表、矿产预测类型最小预测区共伴生矿产数据表、省级××矿种(组)最小预测区归并成果共伴生矿产数据表)
			重力资料应用	预测工作区重力推断地质构造图及属性库、编图说明书、元数据
				预测工作区重力工作程度图及属性库、编图说明书、元数据
				预测工作区布格重力异常图及属性库、编图说明书、元数据
				预测工作区剩余重力异常图及属性库、编图说明书、元数据
				典型矿床布格重力异常图及属性库、编图说明书、元数据
				典型矿床剩余重力异常图及属性库、编图说明书、元数据
				典型矿床综合成果图

续表 6-2

序号	省(区)	矿种	专题分类	成果类别
1	西北五省(自治区)包括陕西、宁夏、甘肃、青海、新疆	23 矿种(铁、铝、铜、铅、锌、金、钨、锑、钾、稀土、磷、锡、钼、镍、锰、铬、银、锂、硫、硼、萤石、菱镁矿、重晶石)	磁测资料应用	省级磁法推断磁性矿床分布图及属性库、编图说明书、元数据
				预测工作区矿产预测类型磁法推断磁性矿产分布图及属性库、编图说明书、元数据
				预测工作区磁法推断地质构造图及属性库、编图说明书、元数据
				预测工作区磁异常范围分布图及属性库、编图说明书、元数据
				预测工作区航磁 ΔT 等值线平面图及属性库、编图说明书、元数据
				预测工作区航磁 ΔT 化极等值线平面图及属性库、编图说明书、元数据
				预测工作区航磁 ΔT 化极垂向一阶导数等值线平面图及属性库、编图说明书、元数据
				预测工作区地磁等值线平面图及属性库、编图说明书、元数据
				预测工作区地磁化极等值线平面图及属性库、编图说明书、元数据
				预测工作区地磁化极垂向一阶导数等值线平面图及属性库、编图说明书、元数据
				典型矿床综合成果图及属性库、编图说明书、元数据
			化探资料应用	省级地球化学找矿预测图及属性库、编图说明书、元数据
				预测工作区单元素地球化学图及属性库、编图说明书、元数据
				预测工作区单元素地球化学异常图及属性库、编图说明书、元数据
				预测工作区地球化学综合异常图及属性库、编图说明书、元数据
				预测工作区地球化学组合异常图
				典型矿床综合成果图及属性库、编图说明书、元数据
			遥感资料应用	预测工作区遥感矿产地质特征与近矿找矿标志解译图及属性库、编图说明书、元数据
				预测工作区遥感羟基异常分布图及属性库、编图说明书、元数据
				预测工作区遥感铁染异常分布图及属性库、编图说明书、元数据
				预测工作区蚀变矿物遥感异常分布图及属性库、编图说明书、元数据
				典型矿床综合成果图及属性库、编图说明书、元数据
			自然重砂资料应用	预测工作区自然重砂异常图及属性库、编图说明书、元数据
2			遥感资料应用	典型矿床遥感影像图及编图说明书、元数据(与该遥感影像图配套 MapGIS 工程文件(*.mpj)、GeoTiff 格式、Tiff 格式、MSI 格式、Gray 格式)
				预测工作区遥感影像图及编图说明书、元数据(与该遥感影像图配套 MapGIS 工程文件(*.mpj)、GeoTiff 格式、Tiff 格式、MSI 格式、Gray 格式)
3			成矿地质背景研究、成矿规律研究、矿产预测研究、重力资料应用、磁测资料应用、化探资料应用、遥感资料应用、自然重砂资料应用	各矿种(组)矿产潜力评价报告、各矿种(组)预测资源量估算说明报告、各专题研究报告及相关资料、数据、文档等

表 6-3 西北五省(自治区)矿产资源潜力评价综合编图成果

序号	省(区)	省级专题分类	成果类别
1	西北五省(自治区)包括陕西、宁夏、甘肃、青海、新疆	成矿地质背景研究	成矿地质背景综合研究编图及属性库、编图说明书、元数据等
			其他相关综合成果图件、数据、卡片、图片、表格、报告等资料
		重力资料应用	重力资料应用综合研究编图及属性库、编图说明书、元数据等
			其他相关综合成果图件、数据、卡片、图片、表格、报告等资料
		磁测资料应用	磁测资料应用综合研究编图及属性库、编图说明书、元数据等
			其他相关综合成果图件、数据、卡片、图片、表格、报告等资料
		化探资料应用	化探资料应用综合研究编图及属性库、编图说明书、元数据等
			其他相关综合成果图件、数据、卡片、图片、表格、报告等资料
		遥感资料应用	遥感资料应用综合研究编图及属性库、编图说明书、元数据等(与遥感影像图配套 MapGIS 工程文件(*.mpj)、GeoTiff 格式、Tiff 格式、MSI 格式、Gray 格式)
			其他相关综合成果图件、数据、卡片、图片、表格、报告等资料
		自然重砂资料应用	自然重砂资料应用综合研究编图及属性库、编图说明书、元数据等
			其他相关综合成果图件、数据、卡片、图片、表格、报告等资料
2		省级多专业综合成果	省级矿产资源潜力评价工作总报告、各专题研究成果报告、多专业综合图件、数据、卡片、图片、表格等资料

二、西北地区综合性成果

覆盖成矿地质背景研究、成矿规律研究、矿产预测评价、重力资料应用、磁测资料应用、化探资料应用、遥感资料应用、自然重砂资料应用 8 个专业大区尺度的综合编图成果(表 6-4)。

表 6-4 西北地区范围矿产资源潜力评价综合编图成果

序号	大区	大区专题分类	成果类别
1	西北地区	成矿地质背景研究	成矿地质背景研究专题综合研究性成果图件及属性库、编图说明书、元数据
		成矿规律研究	成矿规律研究专题综合研究性成果图件及属性库、编图说明书、元数据
		矿产预测研究	矿产预测研究专题综合研究性成果图件及属性库、编图说明书、元数据
		重力资料应用	重力资料应用专题综合研究性成果图件及属性库、编图说明书、元数据
		磁测资料应用	磁测资料应用专题综合研究性成果图件及属性库、编图说明书、元数据
		化探资料应用	化探资料应用专题综合研究性成果图件及属性库、编图说明书、元数据
		遥感资料应用	遥感资料应用专题综合研究性成果图件及属性库、编图说明书、元数据
		自然重砂资料应用	自然重砂资料应用专题综合研究性成果图件及属性库、编图说明书、元数据
2		遥感资料应用	大区范围遥感影像图及编图说明书、元数据(与遥感影像图配套 MapGIS 工程文件(*.mpj)、GeoTiff 格式、Tiff 格式、MSI 格式、Gray 格式)
3		成矿地质背景研究、成矿规律研究、矿产预测研究、重力资料应用、磁测资料应用、化探资料应用、遥感资料应用、自然重砂资料应用	大区范围矿产潜力评价工作总报告、大区范围各矿种(组)矿产潜力评价研究报告、大区范围各专题研究成果报告及相关资料、数据、表格等

三、相关基础地质数据库

与矿产资源潜力评价工作相关基础地质数据库主要包括：地质图（1∶250 万、1∶50 万、1∶25 万、1∶20 万、1∶5 万）、矿产地、区域航磁（1∶100 万、1∶50 万）、区域重力（1∶100 万、1∶50 万）、区域化探（1∶50 万、1∶20 万、1∶5 万）、重砂、遥感、地质工作程度等八大类基础数据库。

每一部分矿产资源潜力评价工作所形成的成果数据，均可分为如下 4 种形式。

（1）专题图件。指按照各专业编图技术要求和数据模型规定编制的、格式为 MapGIS6.5 或 MapGIS6.7 的矢量图件，其中各专业图层要素已按数据模型规定、相关专业技术要求和地质工作程度赋予了相应专业属性数据或下属词代码。每个成果图件均有编图说明书（MS WORD 格式）、元数据文件、质检卡。

（2）遥感影像。指遥感专题工作所形成的基础编图遥感影像图、区域遥感影像图以及典型矿床研究遥感影像图，且每个遥感影像图依应用需要均有 4 种格式（GeoTiff、Tiff、MSI、Gray）的影像图，其中的 GeoTiff 文件，以图件空间位置为参考纠正图件，达到形成遥感影像库的目的。另外，还有与遥感影像图配套的矢量图，即 MapGIS 工程文件（ *.mpj）。

（3）文档资料。指本次西北地区矿产资源潜力评价工作所形成的各类专题文字报告（MS WORD）、资料表格（ MS EXCEL）、卡片、图片（JPEG 等格式）、多媒体（MS PPT）等相关资料。其中文字报告包括各专业基础编图研究报告、各专业区域编图研究报告、单矿种成规律研究报告、单矿种预测评价研究报告、单矿种预测资源量估算说明报告、各专题研究成果报告、工作总报告，以及各专业（成矿规律研究、矿产预测研究、重力资料应用、成矿地质背景研究、等等）要求的 MS EXCEL 格式资料性表格、卡片文件、图片文件等。

（4）元数据。本次西北地区矿产资源潜力评价工作所编的专题成果图件，均要求有相应图件元数据文件。每个图件要求提交格式分别为 TXT、XML 两种格式的元数据文件。

对西北五省区（新疆、青海、甘肃、陕西、宁夏）的省级基础编图、铁、铝、铜、铅、锌、金、钾、磷、钨、锑、稀土、锰、镍、锡、铬、钼、银、硼、锂、硫、萤石、菱镁矿、重晶石 23 个矿种潜力评价成果数据进行归类整理，整理完成后，共归拢出图件 20 650 张，编图说明书 19 115 个、元数据 19 094 个、附表 2038 张、报告 377 个、其他文档 3109 个、见表 6-5，总数据量达到 1.02TB。

表 6-5　西北五省（自治区）矿产资源潜力评价各矿种各专业各类资料数据量表

分类或矿种	图件/张	编图说明书/个	元数据/个	附表/个	报告/个	其他文档/个
基础编图	2188	1981	1984	432	4	1246
铁矿	2029	1463	1447	213	35	967
铝矿	211	132	124	69	16	87
铜矿	3257	3177	3177	143	28	108
铅锌	1643	1592	1592	139	28	100
金矿	2602	2542	2542	159	31	105
钨矿	678	658	658	71	18	53
稀土	257	248	248	37	12	25

续表 6-5

分类或矿种	图件/张	编图说明书/个	元数据/个	附表/个	报告/个	其他文档/个
锑矿	372	355	355	41	16	46
磷矿	563	539	539	63	18	43
钾盐	163	152	152	22	12	26
锡矿	392	377	377	49	14	40
钼矿	821	797	797	79	16	45
锰矿	618	603	603	62	14	22
铬矿	402	381	381	54	14	19
硫矿	603	574	574	71	18	27
萤石	299	288	288	42	14	20
重晶石	541	521	521	63	15	27
银矿	1882	1837	1837	117	21	48
菱镁矿	124	115	115	16	9	20
硼矿	109	96	96	15	3	6
镍矿	488	471	471	33	7	18
锂矿	228	216	216	42	5	7
大区综合	180			6	9	4
合计	20 650	19 115	19 094	2038	377	3109

第三节　建库工作流程

西北地区矿产资源潜力评价集成空间数据库建设涉及陕西、甘肃、宁夏、青海、新疆五省(自治区)关于铜、铅、锰等 23 个矿种的成果数据,包括成矿地质背景研究、成矿规律研究、矿产预测研究、重力资料应用、磁测资料应用、化探资料应用、遥感资料应用、自然重砂资料应用 8 个专业,数据类型复杂,数据量巨大。为保证整理入库工作实施顺利和工作成果质量,整理入库任务应遵循如图 6-1 所示的工作流程。

一、入库检查

入库数据检查主要根据数据模型规定,重点检查以下几项:

(1)图层属性值域错误(主要指下属词错误)。

(2)图层属性结构、字段长度、类型是否与数据模型规定不一致。

(3)图层名称是否不符合数据模型规定或未按数据模型进行规范。

(4)图件名称是否不符合数据模型规定或未按数据模型进行规范。

(5)图件地图投影参数是否错误、不正确或与数据模型规定不一致。

(6)图件空间拓扑错误(主要指结点、套合不一致,拓扑不一致等)。

(7)图件使用的 MapGIS 系统库与统一系统库是否不一致或不完全一致。

(8)目录结构是否符合统一规定。

(9)文件名是否符合模型规定。

(10)文件是否能够正常使用。

(11)文件版本是否正确。

主要利用 GeoMAG 工具软件针对图件符合数据模型情况进行检查,GeoTOK 工具软件检查拓扑结构错误,GeoO35 工具软件检查目录符合情况,并生成检查报告。专业人员根据错误报告,再针对相应错误类别分发整理或修改,做到快速有效的对相应问题进行响应,极大地提高工作效率及工作进度。

二、数据整理

为了更好地管理入库数据,以及数据库建立后能更方便快捷准确的查询相关的图件及其附件,需要严格规范整理入库数据。

其中针对专题图件整理要点在于:坐标系类型及相关参数、图件工程及图层完整性、图件工程及图层规范性、自增图层使用名称、图件工程及图层可用性、边界图层命名及要求。

针对图件空间拓扑整理要点包括:结点错误、重复或重叠点坐标错误、Z 字型线或弧错误、线或弧自相交错误、多余的弧段错误、重叠图元错误、套合不一致错误、拓扑不一致错误、未闭合线或未闭合面错误、未压缩存盘错误。

针对图件属性整理要点包括:属性数据结构规范性,数据项下属词规范性,特征代码、图元编号的规范性、唯一性、统一性、一致性整理,图面要素表达与图元专业属性不一致性处理。

针对编图说明书、遥感影像图、元数据、质量检查卡等附件类内容重点整理文件名称规范性、文件格式规范性、文件内容及排版的规范性。

三、数据导入

考虑到数据库查询效率和数据存储需求,在数据库软件 Oracle 中建立了西北地区、陕西、甘肃、宁夏、青海、新疆共 6 个数据库文件。创建物理数据库时,要规定数据库命名(即数据库物理命名),数据库物理命名规定情况见表 6-6。

表 6-6　数据库物理命名规定表

序号	数据库分组名称(简称“分组”)	数据库物理命名(XBQLPJ+DB+3 位顺序码)
0	西北地区潜力评价汇总成果	XBQLPJDB000
1	陕西省潜力评价成果库	XBQLPJDB001
2	甘肃省潜力评价成果库	XBQLPJDB002
3	宁夏回族自治区潜力评价成果库	XBQLPJDB003
4	青海省潜力评价成果库	XBQLPJDB004
5	新疆维吾尔自治区潜力评价成果库	XBQLPJDB005

(1)将整理形成的图件、元数据、遥感数据、文档资料通过程序导入模块入库,监控导入过程中可能出现的问题。

(2)需要对各入库要素进行再次检查,判断所导入数据是否符合数据库要求,导入后的成果与导入前数据数量、内容是否一致。

(3)由于各种原因导入中断时,重新启动系统后,系统会提示是否继续导入,选择继续导入即可继续开展中断前的导入工作,对不能导入平台的数据需进行再整理。

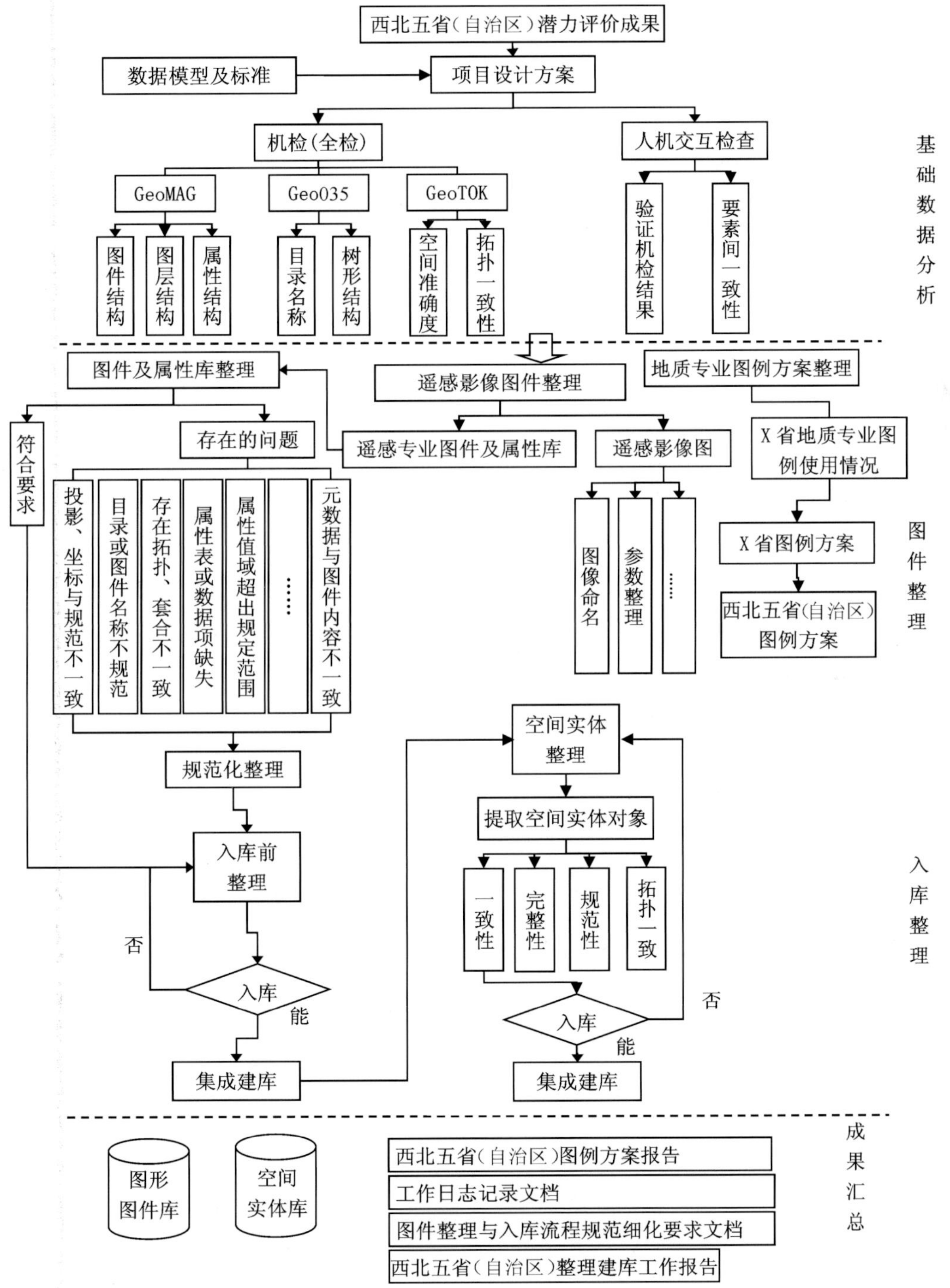

图 6-1 数据整理及建库工作流程

(4)抽检已经导入平台的数据，对数据种类、个数、格式、属性内容进行核对，记录平台引起的差异，并及时反馈。修改由于数据质量引起的不一致现象。

(5)利用平台相关功能，对成果图件数据调用、显示，对不能正常显示的图件进行分析，并针对性解决。

四、数据备份

数据入库成功后，为避免服务器宕机或者服务器软硬件故障导致数据丢失，需要对数据库进行备份，保证数据的可用性。数据备份采用异地备份的方式，相应数据库停止运行后，将其数据库文件拷贝出来进行异地保存。一旦服务器出现故障导致数据库无法正常运行，待服务器运行恢复后，将相应数据库文件恢复到服务器中即可将数据库恢复到备份前的状态，保证数据持续可用。

第四节　数据组织方式

基于矿产资源潜力评价数据集成管理应用平台 DipMopa，集成了西北五省(自治区)矿产资源潜力评价基础性成果及资料、西北地区矿产资源潜力评价综合性成果及资料，涵盖西北全境和 1∶25 万标准分幅尺度的基础地质编图成果，铁、铝、铜、金等 23 个矿种的潜力评价专题编图成果以及相关基础地质数据，数据总量达到 2T。

西北矿产资源潜力评价数据库数据内容按空间参照库、成果图件库、遥感影像库、文档资料库、空间实体库、数据元数据库、相关基础地质数据库以及系统元数据库进行逻辑组织，数据组织模式见图 6-2。

空间参照库，按北京 54 地理坐标系、6 度或 3 度分带高斯投影坐标系、西北五省(自治区)投影坐标系、西北大区范围兰勃托投影坐标系 4 个方面描述、管理地理坐标系、投影坐标系，用以定义、描述西北矿产资源潜力评价数据库内的空间数据。

成果图件库按西北大区范围综合图件、省(市、自治区)成果图件进行总体组织。其中：西北大区范围综合图件分别按 8 个专题综合图件-专题图件进行组织；省(市、区)成果图件分别按西北五省(自治区)成果图件-省市区基础编图成果图件/省市区矿种潜力评价成果图件进行组织。省(市、区)基础编图成果图件再按专题、省市区范围、分幅进行组织，省市区矿种潜力评价成果图件再按矿种、专题、省市区范围、预测工作区、典型矿床研究区等进行组织。

遥感影像库按西北大区范围遥感影像图、西北五省(自治区)遥感影像图组织。其中：省(市、区)遥感影像图按省(市、区)范围、矿种、预测工作区、典型矿床研究区等进行组织。

文档资料库依据文档资料与图件、典型矿床、预测工作区、省(市、区)、大区范围、矿种(组)以及专题的关联，组织存储相应的文档资料。

数据元数据库依据图件元数据与相应图件的关联，组织存储相应的图件元数据。

空间实体库，按西北大区范围、西北五省(自治区)范围、地质要素分类、空间尺度进行总体组织。

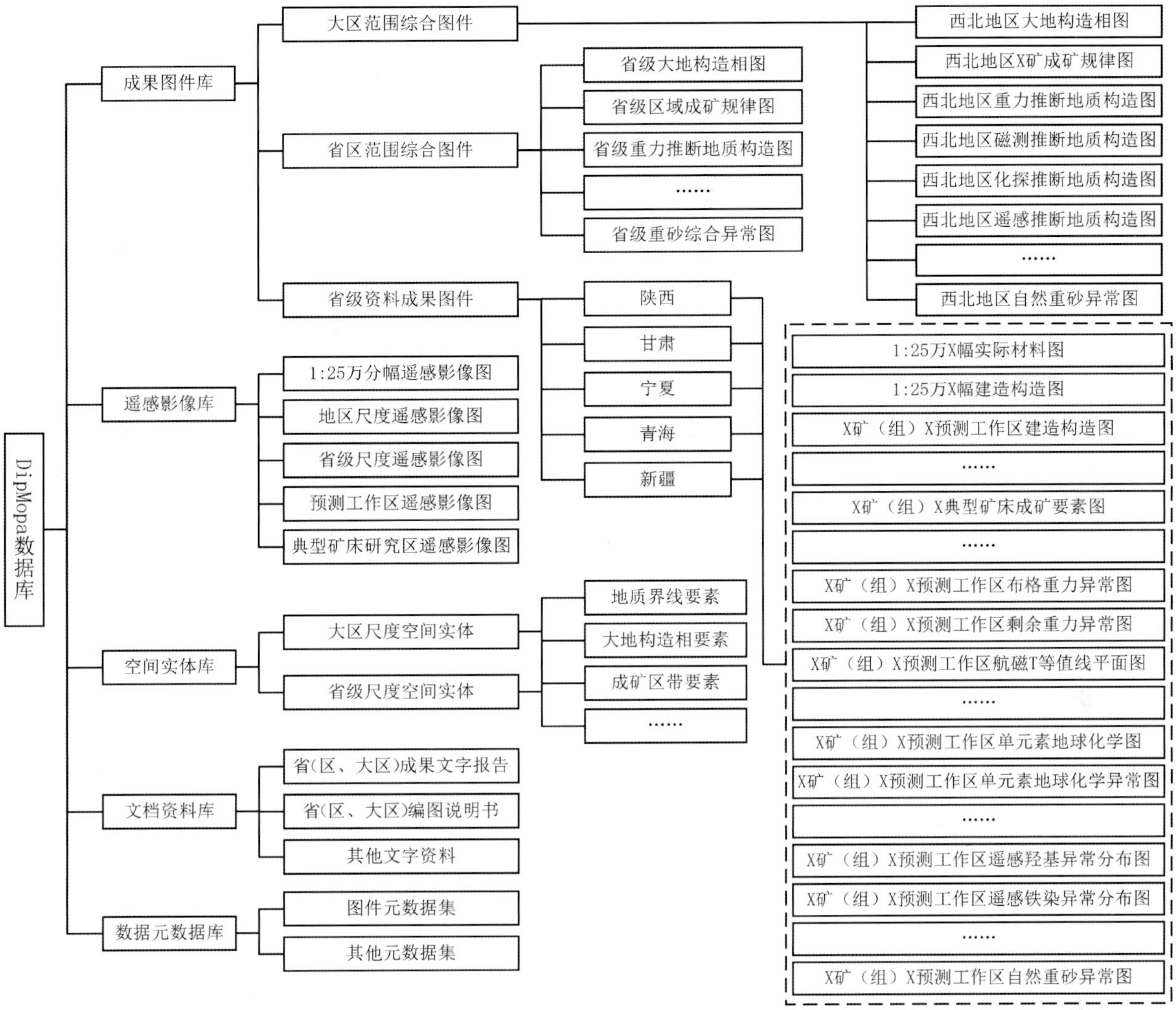

图 6-2　西北矿产资源潜力评价数据的组织模式

第五节　数据质量评述

西北地区矿产资源潜力评价集成数据库数据质量包含两方面的内容。

一、数据库质量

利用数据库本身各项功能，检查数据库冗余度，剔除冗余数据；检验数据库在不同平台上的共享性能；检查数据库安全性，确保对数据库各项操作严格依照用户权限进行，杜绝越权访问；详细对比入库前后数据量，确保数据库完整性，不遗漏任何数据资料；进行数据库备份与恢复操作，检查备份数据等，从而全面保证了数据库本身的质量。

二、数据内容质量

入库图件及其附件，皆已经过全国项目办组织的验收及复核，数据质量可靠；并与全国项目办综合信息集成组所下发的清单进行核对，保证入库数据种类齐全，入库数量正确。各类成果数据库属性结构均通过 GeoMAG 软件进行生成和规范，符合数据模型的规定，该项内容 100%经过了软件的检查，对于软件报出的不一致内容全部进行了人工核查。属性数据库录入的内容经 GeoMAG 软件进行了全面检查，保证了所有下属词字段的正确性。对规范要求需要进行拓扑检查的图件进行了拓扑错误检查，并对发现的拓扑错误进行了修改。所有提交的图件数据库均按要求编写了相应的编图说明书，利用元数据采集器填写了相关元数据，各类图件检查工作均建立了质量检查记录卡片，相关文档齐全、完整。

对入库后的数据进行再次全部机检和人工抽查，利用查询方案，对集成数据库进行大批量的空间查询、下载，并通过 GeoMAG、GeoTOK 等软件对查询结果进行数据完整性、逻辑一致性、空间定位准确性检查，确保西北地区矿产资源潜力评价数据集成平台数据内容质量。

第七章　数据库质量控制体系

第一节　数据质量监控体系

一、质量监控体系

矿产资源潜力评价工作专项具有超大型、多学科、工程性、面向多源多尺度异构空间数据等特征，取得的成果数据覆盖专业领域多、分布空间范围广、成果图件种类多以及数据量特别巨大，使得成果数据质量自检自查、监管抽查、检查验收、复核检查、收交检查以及成果汇总、组织、管理、实施等工作极具挑战性。在有限的时间、成本、人力等条件约束下，寻求一套有效、可行、规范、便捷的数据质量检查与评价方法技术及实施手段，用于自检自查、监管抽查、验收检查、复核检查、收交检查等过程中客观评价数据质量，保障矿产资源潜力评价工作专项成果数据符合项目质量技术要求，显得尤为重要。

从数据流或信息流转换角度而言，矿产资源潜力评价专项工作可分为8个环节：①收集数据资料；②研究与编图；③阶段成果验收；④编制汇总方案；⑤研发建库平台；⑥汇总综合编图；⑦汇总成果验收；⑧汇总集成建库。只有全程把好各环节数据质量关，才可能保障矿产资源潜力评价工作专项最终成果数据符合相关质量目标要求。数据质量全程控制技术路线见图7-1。

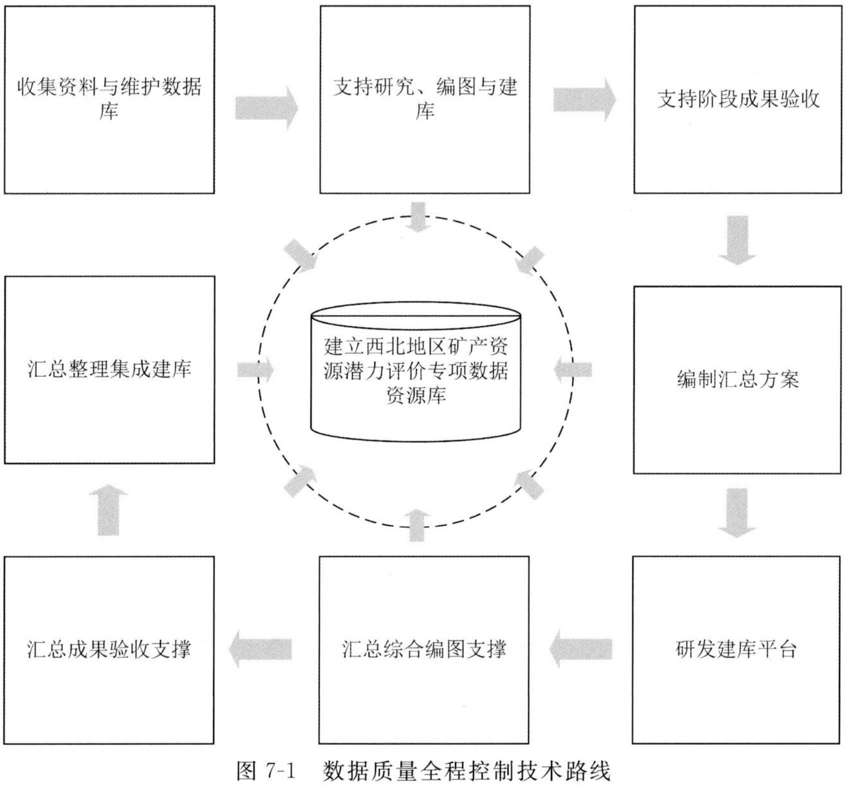

图7-1　数据质量全程控制技术路线

二、质量检查与评价

基于地质数据(或地质数据产品)质量检查与评价的基本原理,用于检查与评价图件4个部分(图面即图件专业编图部分、图件空间数据部分、图件属性数据部分、图件元数据部分)质量状况。用于检查与评价图件集合质量状况的主要检查项清单见表7-1。

表7-1 单个图件的数据质量检查项清单

图件4个部分	图件4个部分主要质量检查项
图件专业编图部分	(1)编图工作流程符合规定程度 (2)编图使用地质资料符合资料要求程度 (3)编图资料或数据处理符合规定程度 (4)图面要素符合规定程度 (5)图面表达符合规定程度 (6)图面使用图例图式符合规定程度 (7)编图比例尺符合规定程度 (8)编图空间范围符合要求程度 (9)编图技术参数符合规定程度 (10)编图说明书内容符合规定程度 (11)其他相关规定符合程度
图件空间数据部分	(1)坐标系统参数符合规定程度 (2)图件地图投影符合规定程度 (3)专业图层空间实体符合专业图层内容规定程度 (4)图件的空间拓扑精度符合规定程度 (5)相关边界图层(国界、省界、预测工作区边界、典型矿床研究区边界等)符合规定程度 (6)图件、图层等结构及代码符合规定程度 (7)引用专业图层符合规定程度 (8)辅助图层或地理图层符合规定程度 (9)图层分类(包括专业图层、引用图层、辅助图层、地理图层、自增图层)符合规定程度 (10)图件四至范围与编图范围一致性符合程度 (11)其他相关规定符合程度
图件属性数据部分	(1)图层属性表结构符合规定程度 (2)图层属性数据填写格式符合规定程度 (3)图层属性数据填写内容符合地质工作程度 (4)图层属性数据填写率符合地质资料拥有程度 (5)图元编号\特征代码填写符合规定程度 (6)其他相关规定符合程度
图件的元数据部分	(1)元数据内容填写符合规定程度 (2)元数据格式(XML格式和自由文本格式)符合规定程度 (3)元数据填写内容与图件数据(空间和属性)一致性符合程度 (4)其他相关规定符合程度

续表 7-1

图件 4 个部分	图件 4 个部分主要质量检查项
完整性	(1)相关资料种类齐全性程度 (2)图件种类数量完整性程度 (3)其他相关规定符合程度
一致性	(1)与任务设计要求一致性程度 (2)与总体技术要求一致性程度 (3)其他相关规定符合程度
规范性	(1)内容规范程度 (2)形式规范程度 (3)管理规范程度 (4)其他相关规定符合程度

依据质量控制对象(图件 4 个部分、图件、图件子集、图件集或图件集合)及其之间约束联系,矿产资源潜力评价成果数据质量评价流程可以归结为 4 个大的步骤:第一步,单个图件的质量评价;第二步,图件子集的质量评价;第三步,图件集(或图件集合)的质量评价;第四步,图件集(或图件集合)质量评述报告编写。总体数据质量检查与评价流程如图 7-2 所示。

三、数据成果验收

省级阶段性成果经省项目办初审后,向大区项目办提出申请,大区项目办组织核查,经核查确认可以进入正式验收程序,由大区项目办组织,全国汇总组参加,组成验收专家组,开展正式验收工作;经核查确认不可以进入正式验收程序,大区项目办提出待验收成果图件及属性数据库所存在问题,指导省级项目组修改、完善待验收内容,省级项目组准备再次申报验收。验收工作按省、分批、分专业(成矿地质背景、成矿规律与矿产预测、物化遥自然重砂综合信息、数据库建设)进行(图 7-3)。

按验收工作先后逻辑顺序,成果资料数据库验收的基本步骤如下。

(1)成果图件(库)提交单位,按本验收要求准备并提交成果资料。

(2)验收组听取成果图件(库)提交单位的汇报,并进行质疑、交流、讨论,由成果图件(库)提交单位负责回答验收组提出的问题。

(3)验收组对提交的成果图件(库)资料,按验收要求进行全面的审查。在审查过程中,以单个图件为审查单元,给出质量评判。验收组相关地学专业专家负责成果图件(库)的专业性审查,采用人工检查与计算机检查相结合两种方式,人工检查达到规定的抽查比例,机检达到 100%,并详细记录人工检查与机检存在的问题,形成图件(库)质量检查报告。

(4)验收组依据专业性审查报告与综合信息集成专家审查报告,给出每一个成果图件(库)的质量评判结论。依据每一个成果图件(库)的质量评判结论,决定是否验收每一个成果图件(库)。质量合格成果图件(库)予以验收;不合格者,成果图件(库)提交单位依据验收组提出的问题记录与修改建议,进行修改、完善,再次提交验收。

(5)针对存在的问题,验收组专家与被验收单位应充分交换意见、研讨。最后,验收组主审专家依据专业性审查报告及评分情况、综合信息集成专家审查报告及评分情况,综合得出总的验收结论。

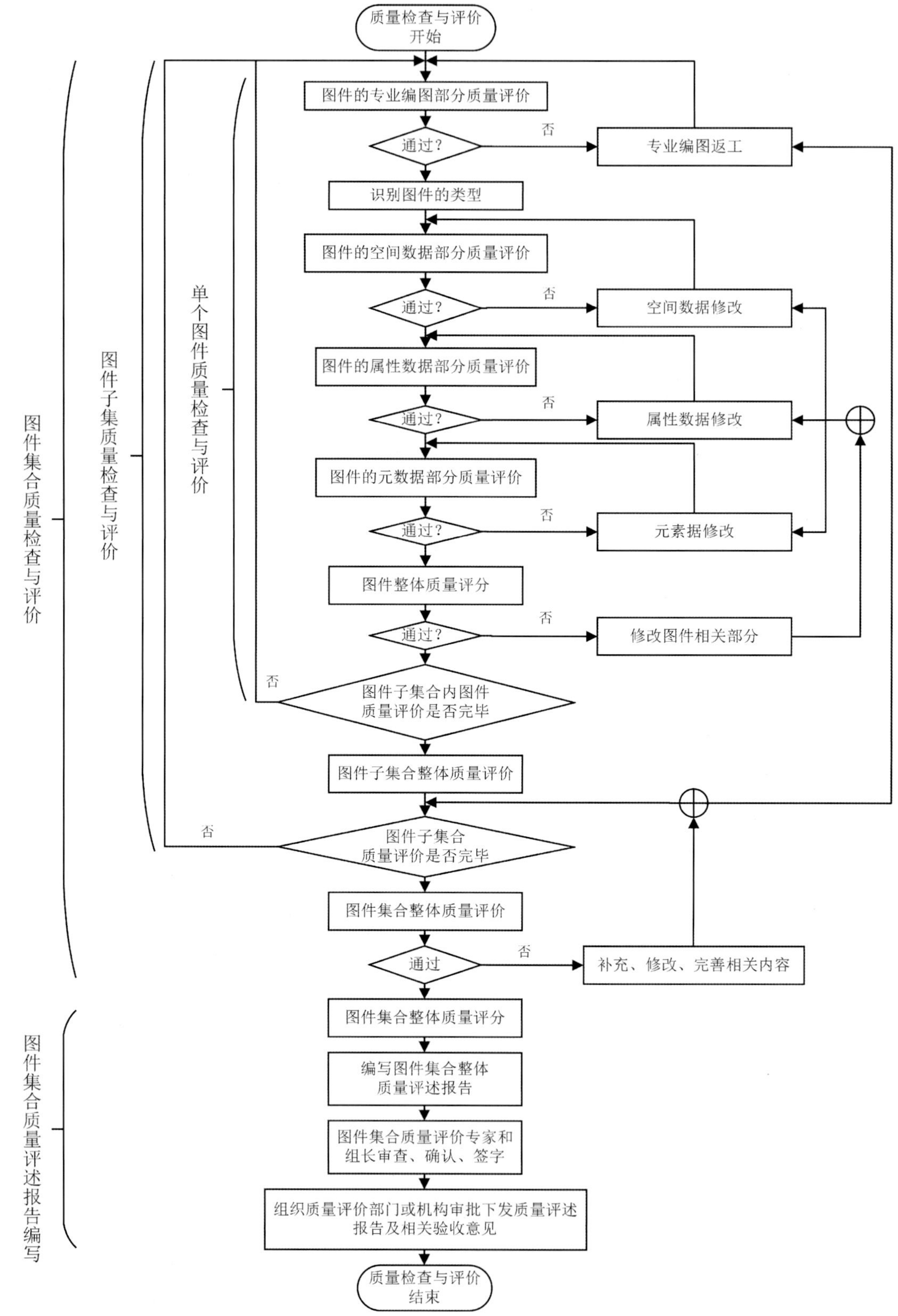

图 7-2　潜力评价成果质量检查流程图

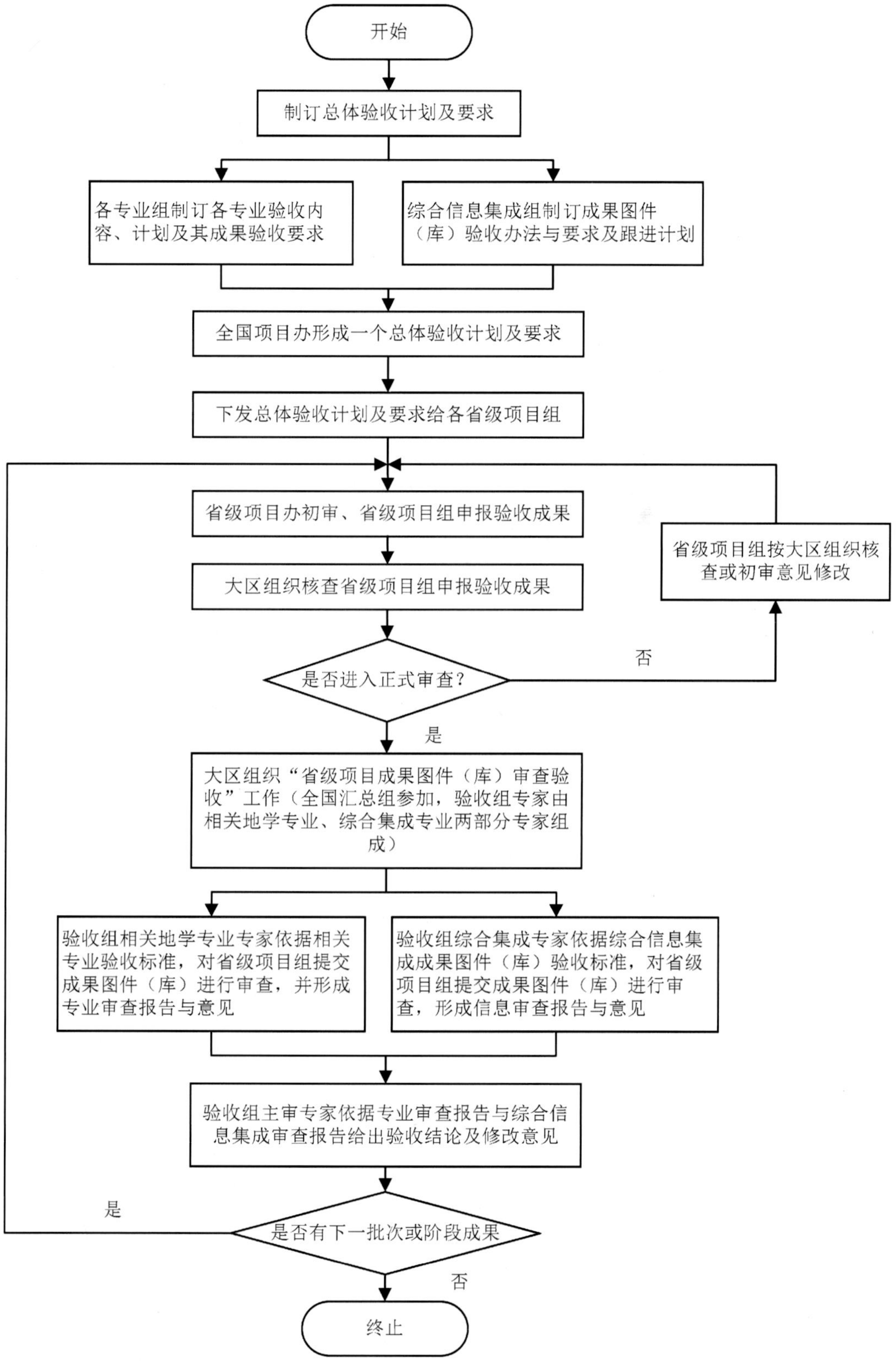

图 7-3　潜力评价成果验收流程图

第二节 数据质量保障方法

一、组织保证

矿产资源潜力评价工作是一项内容复杂、专业面广、层次多且交叉、探索性强、参加单位多、人数庞大的系统工程，项目从全国—大区—省级3个层面建立了一套分工明确、职责到位的组织机构体系，为项目的顺利实施和成果质量提供了组织保证。

在全国层面，由中国地质调查局负责组织项目实施，设立了项目指导委员会、技术委员会、项目办公室和全国汇总组。指导委员会：负责项目实施过程的重大决策，负责审定项目总体实施方案、技术指南和技术要求，负责项目成果的验收。技术委员会：负责项目总体实施方案、技术指南和技术要求的论证，负责项目业务指导和技术咨询，负责阶段性进展和最终成果审查。项目办公室：主要负责项目实施中的日常管理工作，负责相关文件及技术档案管理，协调各省、相关工业地勘部门及各课题组之间工作、负责对外联络和公共关系，受委托负责与项目参加单位签订合同等。在质量管理方面，项目办公室负责落实质量管理制度，负责汇总项目技术要求执行情况，对存在问题的课题组督促其改进。全国汇总组：除煤炭、化工、铀矿产以外其他矿产，由全国汇总组统一负责单矿种预测汇总工作以及项目总体报告的编制工作，其主要职责是对省级课题组负责技术指导，并检查技术要求执行情况，帮助省级课题组解决各类技术问题，确保项目总体质量。全国汇总组下设项目管理综合课题组、地质构造研究课题组、（物探、化探、遥感、自然重砂）综合信息研究课题组、成矿规律研究课题组、矿产预测课题组、综合信息集成课题组等。课题组负责人是项目相关内容总体质量的责任人，必须对项目相关工作内容的质量全面负责。

大区层面上，由各大区地质调查中心负责组织本区的潜力评价工作，相应地设立了大区矿产资源潜力评价项目办公室、大区课题组等。主要任务：负责本大区综合研究和数据库建设，负责编制本大区矿产资源潜力评价报告以及各类相关图件，负责本大区有关省（区）课题组技术指导，负责本大区有关省（区）课题组工作进度和质量跟踪检查等。

在省级层面上，各省（区）地质矿产行政主管部门负责组织本省（区）的潜力评价工作，设立了本省（区）矿产资源潜力评价项目办公室（大多挂靠在省（区）国土资源厅地质矿产管理处）和技术委员会。省（区）评价工作由各省（区）地质调查院牵头负责，各相关地勘单位参与。各省（区）地质调查院对本省（区）成果质量负总责。

二、制度保证

矿产资源潜力评价工作的实施过程中，严格按照中国地质调查局有关项目管理办法规定与要求，执行国家、行业标准，规范化地开展工作；严格按照全国矿产资源潜力评价项目办公室相关项目管理办法执行，从制度落实上保证了成果质量。

1. 人员管理制度

由于矿产资源潜力评价工作的时间跨度大，各参加单位严格按照人员组织及管理要求，保持了项目实施期间技术骨干的稳定。各单位统筹安排，合理调配人力资源，确保了主要技术人员全职从事潜力评价工作时间不少于80%。同时，各省（区）聘请了一批已退休老专家参加评价工作，充分发挥老技术人员的作用。

2 规范执行制度

矿产资源潜力评价工作强调坚持一统一方法、统一标准的原则开展工作，为此编写和颁布了一系列的技术规范、规程和数据模型。它们既是评价工作过程中要严格执行的标准，也是成果检查验收的标准，凡不按规定的技术规范开展评价的，其成果一律不被认可。各省（区）参与单位在整个评价项目实施过程中，都严格执行了相关的技术规范、规程，保证了成果表达的统一和数据库质量，为成果集成及应用服务奠定了基础。

3 质量管理制度

(1)工作设计和方案编写：各省（区）接到项目任务书后，对任务书进行分析和研究，清楚任务书具体任务和各项要求后进行设计和年度（阶段）方案编写，报上级质量管理单位进行审批，并严格按审批的设计和方案开展评价工作。

(2)建立工作日志制度：建立完整的工作日志表，每个作业人员每天必须按要求填写工作日志，将每天的工作内容全面、完整的记录下来，并由作业组长签名认可。

(3)建立自互检制度：建立完整的自互检表，每个作业人员在不同的工作阶段需对阶段性成果做阶段性质量检查，每完成一幅图（库），都要按相关要求进行100%的自检，并将自检结果和修改处理结果如实、完整的记录下来，由作业组长签名认可。在自检的基础上，由课题负责人安排其他作业人员进行100%以上的互检，并将互检结果和修改处理结果如实、完整的记录下来，由课题负责人签名认可。

(4)检查员检查制度：检查员对课题的阶段性成果和最终成果进行100%严格检查，并将检查结果如实、完整的记录下来，作业员根据检查记录进行修改，由检查员复核后签名认可。

(5)抽检制度：每个图(库)完成后，由省(区)项目负责抽取60%进行检查，根据抽检结果进行缺陷分类和计算，并对数据进行质量评价。

(6)复检修改制度：根据抽检结果和质量评价表，作业员针对抽检提出的问题进行全面的复检和修改，确保检查内容全部符合质量要求。

(7)建立完善的半年报、年报制度，及时掌握各单位本阶段工作成果和下阶段工作安排，实行有效的目标管理。各省（区）在潜力评价工作过程中的各个环节、各个工序，都有一套完整的质量检查结果记录。同时，在成果验收、成果复核和数据收交环节，都强化了质量把控。

三、技术保证

为了保证成果数据库的数据质量，工作进度，更方便的组织管理，信息课题组制定一系列技术保障措施，切实落实“统一组织，统一思路，统一方法，统一标准，统一进度”的工作原则，将质量监控工作贯穿到各个环节。

1. 统一管理，分布处理

潜力评价数据类型多样，数据量巨大，根据前期工作经验，数据的复制拷贝往往花费大量的时间，同时还容易引起数据的不同步甚至错误。因此本次数据处理工作中采用中心服务器加分布式处理的工作模式，所有数据集中存储于中心服务器中，中心服务器采用大容量磁盘阵列进行数据共享，并引入权限管理、版本控制和自动备份功能，不仅能够大大提高数据访问效率，同时还增强了安全性和可靠度。

2.数据处理及质量控制流程化

针对不同的数据类型及要求，制定相应的数据处理流程，同时将数据检查和自动化处理流程有机结合，能够大大提高数据处理的效率。例如：数据文件整理流程原则是先自动整理再手动整理，矢量数据先整理依赖性较强的图层；其他图层先整理必选图层，再整理可选图层。针对数据检查工作进行每日自动构建，处理人员仅需将当日处理完图幅上传至服务器，服务器当晚自动进行检查，并将检查结果反馈给数据检查人员。

3.充分发挥计算机软硬件优势

为了避免人为误差、减少工作量，系统分析工作量以及潜力评价数据模型，结合相关专业知识的基础上，研究分析开发针对本项目的批量处理及分析软件，实现对潜力评价成果数据有关完整性、一致性、拓扑关系的检查，批量处理成果数据投影及坐标系转换、ID码排序、多余要素删除等工作。计算机硬件采用IBM3850X5系统，基于虚拟机技术构建分布式自动处理平台，能够实现大批量数据的自动化处理。

4.咨询资深专家，加强技术交流

咨询地质、矿产、数据库、制图规范等方面的资深专家；主办各种座谈会，听取各方面意见，集思广益；聘请富有经验的老专家作为顾问，提供技术咨询服务；与全国重点矿产资源评价综合信息集成组、相关大区矿产资源潜力评价负责人密切联系，及时交流工作过程中出现的问题，听取他们的建议及意见。

第三节　数据质量控制措施

矿产资源潜力评价项目主要涉及四个方面数据质量，包括基础数据维护更新质量、潜力评价编图及属性建库质量、潜力评价成果资料汇总质量、潜力评价成果集成建库质量。依据本工作项目涉及的四方面数据成果，分别采取的四方面质量控制措施分述如下。

（一）基础地质数据维护更新

组织本行业长期从事基础地质数据建设的专家，编制《基础地质数据库维护工作技术要求》，清理相关基础数据库维护软件系统。组织举办全国性的基础数据维护技术要求及其软件系统应用培训班，并通过电话、QQ、E－Mail、现场等多种形式指导基础数据库维护更新工作。然后，组织经验丰富的地学数据库专家团队，开展维护更新后的基础数据库检查、验收与汇总工作，确保维护更新后的基础地质数据库质量。

（二）潜力评价专题图编图建库

在潜力评价研究、编图及属性建库之前，全国项目办组织地质领域专家编制研究、编图及属性采集技术要求，主要包括《成矿地质背景研究技术要求》及《成矿地质背景图件编图流程》、《重要矿产和区域成矿规律研究技术要求》及《成矿规律图件编图技术流程》、《矿产定量预测方法》及《矿产预测图件编图技术流程》、《重力资料应用技术要求》及《重力资料应用图件编图技术流程》、《磁测资料应用技术要求》及《磁测资料应用图件编图技术流程》、《化探资料应用技术要求》及《化探资料应用图件编图技术流程》、《遥感资料应用技术要求》及《遥感资料应用图件编图流程》、《自然重砂资料应用技术要求》及《重砂资料应用图件编图技术流程》,并组织了全面、系统地技术培训推广工作。

基于上述编图及属性采集技术要求,综合信息项目组参与研制矿产资源潜力评价图件数据模型系列,规范各专业编图及属性采集工作流程,并组织举办矿产资源潜力评价图件数据模型及专门软件工具应用培训班。之后,全国项目办组织了全国性典型示范试点工作,进一步完善了编图及属性采集技术要求和数据模型规范,然后,再次深入、重点培训,通过电话、QQ、E-Mail、现场等多种形式全程指导矿产资源潜力评价专题编图及属性建库工作,确保编图及属性建库符合质量要求。

(三)潜力评价成果资料汇总

综合信息组严格按照《全国矿产资源潜力评价成果图件(库)数据质量检查与评价及验收细则》《全国矿产资源潜力评价省级矿产资源潜力评价资料性成果图件及属性库复核汇总技术方案》《省级矿产资源潜力评价综合信息集成汇总技术要求》等技术要求,学习相关软件工具和系统(GeoMAG、GeoDQC、GeoTOK、GeoDQCTOK、GeoPEX),参与应用培训推广。按省—大区逐级进行资料汇总、验收、复核,形成了西北矿产资源潜力评价成果资料,确保省级、大区成果资料汇总质量。

(四)潜力评价成果集成建库

严格按照《全国重要矿产资源潜力评价综合信息集成汇总方案》《全国矿产资源潜力评价成果数据整理入库技术要求》等技术要求,定期按整理入库技术要求开展阶段性检查和最终验收工作,确保矿产资源潜力评价成果汇总集成建库工作质量。依据全国矿产资源潜力评价成果数据的种类(成果图件、遥感影像图件、图件元数据、编图说明书、文档报告及表格等),制定了相应的检查、整理要求,也制定空间实体提取范围及检查、整理要求。对入库前的数据进行严格的空间、拓扑、属性、规范性和完整性检查;对入库后的数据进行再次全部机检和人工抽查,确保西北地区矿产资源潜力评价数据集成平台入库数据质量。

第八章　数据挖掘与应用

西北矿产资源潜力评价成果空间数据库基于统一的建库技术要求、统一的图示图例、规范的数据模型，建立了海量、异构、多尺度、多学科的、涵盖西北五省（自治区）的矿产资源潜力评价资料性基础编图和潜力评价成果和八个专题（成矿地质背景研究、成矿规律研究、重力资料应用、磁测资料应用、化探资料应用、遥感资料应用、重砂资料应用、矿产预测研究）矿产资源潜力评价综合性成果数据。该数据资源及管理平台有三方面重要意义：

（1）作为管理平台，用来集成、管理、积累海量的矿产资源潜力评价数据资源，为西北地区今后矿产资源潜力评价工作奠定了数据基础；

（2）作为应用平台，用来整合基础数据源和高层应用端、深度开发利用潜力评价海量成果，为矿产资源潜力评价工作常态化奠定了平台基础；

（3）作为大数据时代背景下的矿产资源潜力评价战略基础，系统、规范、持续地积累集成数据资源与应用资源，逐步开拓大数据时代矿产资源潜力评价工作。

第一节　智慧找矿预测

矿产资源预测的关键在于有效地获取矿产资源信息、正确认识矿床模型和成矿条件、正确刻画矿产资源的时空分布规律，运用大数据技术，对于勘查难度大、未发现矿产资源多的地区能够进行信息综合和建模，有效降低成本，辅助勘探决策。

与信息化大数据时代一样，地质矿产勘查也逐步从数字找矿进入智慧找矿新阶段。“大数据”的意义不仅仅在于利用庞大的数据信息和多种多样的数据类型，作出各种各样的异常图件，更在于对这些含有地质意义的数据进行专业化处理，查明成矿物质分布、分配、富集、贫化的“数字”特点，摸清资源家底和成矿潜力，圈定异常区、远景区，指明找矿方向。同时，在矿产资源的开发利用、保障程度、替代方案、环保安全等方面同样可以根据其“低密度高价值”的特点发挥重要作用，而且往往具有战略意义（王登红 et al.，2015）。

矿产资源潜力评价成果空间数据库汇总集成了完整覆盖西北五省（自治区），囊括基础地质、矿产、重力、磁法、地球化学、自然重砂、遥感各个专业的矿产资源评价综合信息成果。基于矿产资源潜力评价数据库，利用各种专业数据处理软件和矿产预测评价应用软件工具提供的功能，对各专业调查数据进行专题化信息处理，提取深层次的成矿信息，编制综合预测系列要素图件，深化区域成矿规律研究。根据矿产预测类型的典型矿床研究及大比例尺勘探资料，结合区域综合预测要素图编制成果，建立识别该预测类型的指标要素组合，使用相关性分析方法，运用综合信息找矿预测模型，采用多要素综合信息定量模型，圈定各类成矿远景区和靶区，建立成矿地质体地质参数模型及其他资源量预测模型，预测潜在资源量。

目前国内开发的遥感信息处理软件：RSMAP、RSIE，重磁数据处理软件 GEOEXPL 区域化探数据处理软件 GEOMDIS，地质图编图软件 GMGIS 等各类信息处理软件都可用于多元信息提取。矿产资源评价软件 MRAS、GEODAS，可用于分析成矿地质背景、提取控矿信息，提取地、物、化、遥、重砂等综合找矿信息，成矿有利信息图层的综合，确定成矿信息的综合部位及其信息量的程度，变量赋值与建立数理模型、变量与资源量关系分析、变量筛选与信息决策，预测区圈定、预测区优选和定量预测等，都已在矿产资源预测评价得到应用。

第二节 地质空间实体提取

人们对基本地质现象的认识是基于地质客观实体而产生的，地质实体可以概括为地球表面上反映现实基本地质情况的各种现象，但传统的地质图采用专用符号对地质要素进行描述，具有高度的概括性，地质图使用人员必须具有一定的专业知识和识图能力，看图过程就是对图形符号的认识过程，必须了解图示符号的含义，必须经过大脑的想象和判断才能看懂地质图，无法从图面中自动分类提取相关信息。而面向对象的数字化地质实体表达，则指具有严格地理坐标和专业属性的点、线、面、体要素，其特征是同时具有特定几何形态和专题地质属性两类数据。与传统的地质图件相比，地质实体不仅表现形式更加丰富直观，可视性更强，而且可以按不同类别分层存放、显示、查看、检索和绘图，便于动态管理、维护和更新。

空间实体可以借助测量手段直接从野外获取，也可以从现有成果图件提取。空间实体数据来源于成果图件及属性库数据，但又有所区别，是在原有成果图件的基础上，保留各本专业建立的图层，去除整饰(图框、图例等)、附图、附表，以及引用图层、非本专业建立的图层，而形成的一系列要素内容。在西北地区矿产资源潜力评价数据库基础上，对成果图件数据和属性库进行数据分析、提取和调用。依据不同比例尺，保留基础和本专业成果，减少不必要重复要素；根据空间实体库建设的需要，进一步增加属性内容，最终实现对成果内容的分析与管理。

依据基础性、结论性的提取空间实体原则，西北地区矿产资源潜力评价数据库可以提取空间实体如下：

(1) 1∶25 万分幅实际材料图、1∶25 万分幅建造构造图、省级大地构造相图中的所有非地理数据图层数据。

(2) 矿产预测类型分布图中的矿产预测类型划和分布范围数据、矿产地数据、矿产地特征数据、成矿时代数据、成矿区带及界线数据、矿产预测类型最小预测区数据、成矿区带预测成果汇总数据、矿种(组)最小预测区归并成果数据、矿种(组)预测工作区预测成果数据、勘查工作部署建议数据、单矿种(组)区域成矿规律图数据、综合区域成矿规律图数据。

(3) 各专业省级工作程度图数据。

(4) 布格重力异常数据、剩余重力异常数据、重力推断地质构造类数据。

(5) 磁异常及范围数据、磁法 ΔT 等值线数据、磁法 ΔT 化极等值线数据、磁法 ΔT 垂向一导等值线数据、磁法推断磁性矿床数据、磁法推断地质构造图类数据。

(6) 化探采样点位数据、地球化学景区观数据、单元素含量分布等值线(线、面)数据、单元素地球化学异常范围数据、主成矿元素异常范围数据、主要伴生、共生元素异常下限数据、化探推断地质构造类数据、岩石地球化学平面异常特征数据、土壤地球化学异常特征数据、水系沉积物地球化学异常特征数据、岩石地球化学平面组合异常特征数据、土壤地球化学组合异常特征数据、水系沉积物地球化学组合异常特征数据、地球化学找矿预测区数据、地球化学找矿靶区数据。

(7) 自然重砂异常数据。

(8) 遥感影像图类数据、分幅矿产地质构造推断类数据、分幅羟基异常要素数据和铁染异常要素数据、遥感异常组合要素数据。

基于矿产资源潜力评价成果图件等相关数据，提取基础性、结论性地质要素(空间及专业属性同时具有的实体)，建立空间实体库。空间实体一旦形成，实体库则无线型、符号概念，主要由点、线、面形态存在，实体的管理也由图件的工程管理方式，转变为以要素图层进行管理的方式。使潜力评价成果不受限于各图幅范围及工程文件组织形式，能够根据用户需要调用任何区域内图层要素及属性；分析不同精度下要素及属性之间的关系，便于今后开展深入、持续、综合应用。

第三节 专业地质图例方案挖掘

地质图作为地质工作重要的信息源和成果，凝聚了人们对地质理论的研究成果和对地质知识的理解。图例是表达地图内容的基本形式和方法。对于地质图，图例是传递地质信息的重要组成部分，对图上符号提供解释以及对符号的内涵加以说明。地质图作为地质工作的重要成果之一，其功能很大程度上取决于图例符号的总体功能。由于各种地质体和地质现象本身的复杂性、地质符号的特殊性，为地质图的编制带来了很大的难度。传统的地质研究采用的图件都需要人工编制、手工清绘。现代计算机技术和地理信息系统的发展，使地质图符号和图例的设计以及地质图的编制工作都得到了很大的改善，然而仍然存在出错率高、精度低、费时费力、标准化和自动化程度低等诸多不便。因此，为了完成地质信息的准确传递和接收，图例标准化实现是十分重要的。

西北地区矿产资源潜力评价数据库收集了覆盖西北地区全境的地质背景、重力、磁法、化探、自然重砂、遥感系列基础图件，图件总数共计 20 260 幅，成果图件按照专业格式要求进行规范化处理，数据总量达 870G。对已经完成的潜力评价成果图件中地质专业图例使用情况进行归纳总结，形成基于潜力评价成果的地质专业图例标准。通过统计分析西北五省(自治区)的专业图例使用情况，比对专题要素符号的专业性与准确性，并进行系统符号库整理和提取，形成西北五省(自治区)分省矿产资源潜力评价项目编图所用图例实际情况统计表，对各专业要素的点、线、面符号使用情况进行列举描述，记录各图例可能存在的问题，完成“西北五省(自治区)编图所用图例方案草案”。并以统计形成的图例使用方案系列表为基础，总结整理过程中图例使用及图面表达出现的问题，分析可能会对空间实体库建立造成的影响及问题，为潜力评价成果数据深度应用提供基础分析支持(表 8-1)。

表 8-1 西北五省(自治区)矿产资源潜力评价图例实际情况统计表(部分)

专业	图件种类		专业图层中文名	图例名称或描述	图例图片	图例类型	基于统一系统库 图例编号	备注
成矿规律与矿产预测	预测工作区编图	预测工作区构造岩相古地理图	沉积相(沉积亚相)单元(面)	砂岩相	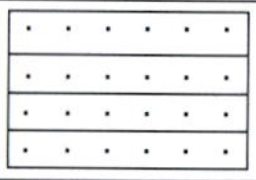	图案		线段组合
				砂岩—灰岩相	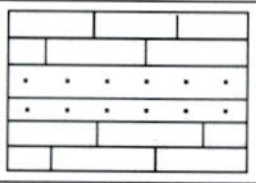	图案		线段组合
				灰岩—泥岩相	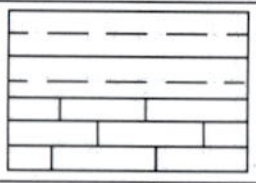	图案		线段组合
				灰岩相		图案		线段组合
			(沉积矿产)矿(床)点(点)	矿点		点	3663 颜色 1816	
			柱状剖面点(点)	剖面点	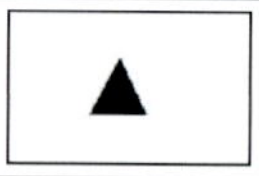	点	242 颜色 1	
			古水流方向及物源供给方向(点)	河流侵蚀方向		点	1325 颜色 1	
			沉积等厚线及沉积中心(线)	等厚线		线	1,0 颜色 3	

续表 8-1

专业	图件种类		专业图层中文名	图例名称或描述	图例图片	图例类型	基于统一系统库 图例编号	备注
成矿规律与矿产预测	预测工作区编图	预测工作区侵入岩浆构造图	断裂(线)	区域性断裂带		线型	1,0 颜色 6	
				实测正断层	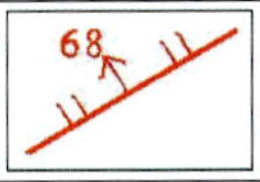	线型	238,颜色 6,线宽 0.3	线段组合
				实测逆断层	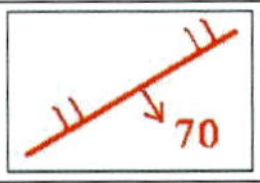	线型	239,颜色 6,线宽 0.3	线段组合
				剥离断层	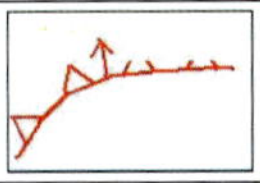	线型	44,0 颜色 6	
				性质不明断层		线型		线段组合,标准图例不一致
				糜棱岩带		线型		线段组合
				混合岩化	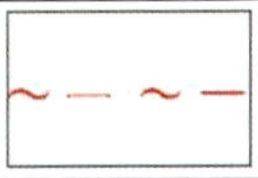	线型		点组合
				碎裂岩带	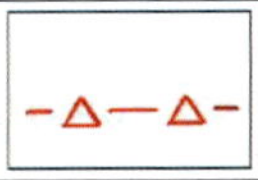	线型	856,0 颜色 6	
				构造窗	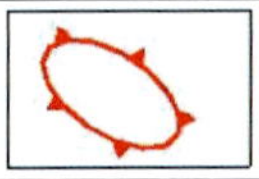	线型	252,0 颜色 6	
			……					

第四节 数据驱动的辅助制图

地质制图是地质工作的重要组成部分,在开展多学科、多途径的地质科研、生产工作中,自始至终都应用地质图表现研究成果。同时,地质制图也是一项烦琐而又细致的工作,常规的制图方法需要花费大量的人力和时间,在图件设计、绘制过程中,也常因人为误操作出现遗漏或错误,导致后期修改工作量成倍增加;如果数据发生变化,数据分析图件修编耗时较大,而且很多为重复工作。采用数据驱动的地质图辅助制图可以有效提高地质制图工作效率,及时为社会各界提供地质图服务,是提高地质资料服务的有效途径,还能满足社会各界对地质资料的多元化需求。

实现数据驱动的地质图辅助制图必须要有高质量的数据作为基础,高质量的地质图数据为快速成图提供规范的数据基础,最终可以形成标准统一的地质图服务。西北矿产资源潜力评价成果空间数据库基于统一的建库技术要求、统一的图示图例、规范的数据模型,建立了海量、异构、多尺度、多学科的、涵盖西北五省(自治区)的矿产资源潜力评价资料性基础编图和潜力评价成果和八个专题(成矿地质背景研究、成矿规律研究、重力资料应用、磁测资料应用、化探资料应用、遥感资料应用、重砂资料应用、矿产预测研究)矿产资源潜力评价综合性成果数据。特别是提取基础性、结论性地质要素的地质空间实体库的建立,数据已不受限于各图幅范围及工程文件组织形式,能够根据用户需要调用任何区域内图层要素及属性,分析不同精度下要素及属性之间的关系,为辅助制图提供规范的数据基础。

基于潜力评价数据驱动的地质图辅助制图的关键步骤如图 8-1 所示。

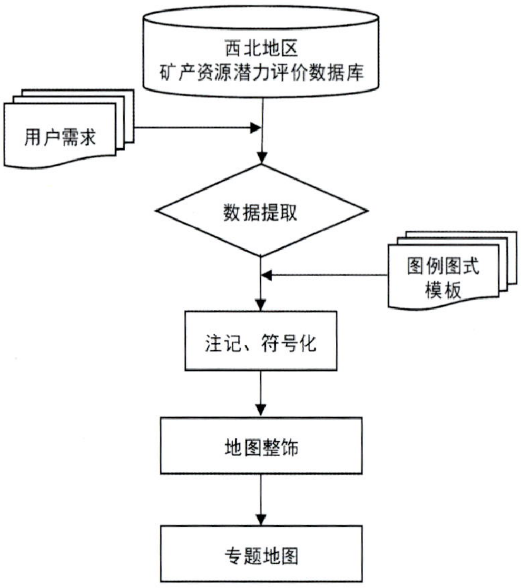

图 8-1　数据驱动辅助制图工程流程

1. 数据提取

以西北矿产资源潜力评价成果空间数据库为数据源，用户可以根据自己的需求检索出需要的数据（图 8-2），系统在提取数据时自动裁剪数据，裁剪完成后将结果展示给用户。用户在进行数据提取过程中不但能按照国际标准分幅、行政区划、经纬度范围、成矿区带、任意闭合多边形区域范围内提取数据，而且还可以按照数据分层、地层时代、断层属性等内容进行综合提取制作所需的专题图件。

2. 注记符号化

针对不同类型、不同比例尺数据进行符号设计，构建符号库，同时构建颜色库和字体库。根据制图需求，结合符号库、颜色库及字体库，构建地图及整饰内容，并将地图的配置信息、制图规范指标库、数据字典等进行统一的保存管理，形成模板，构建模板库。

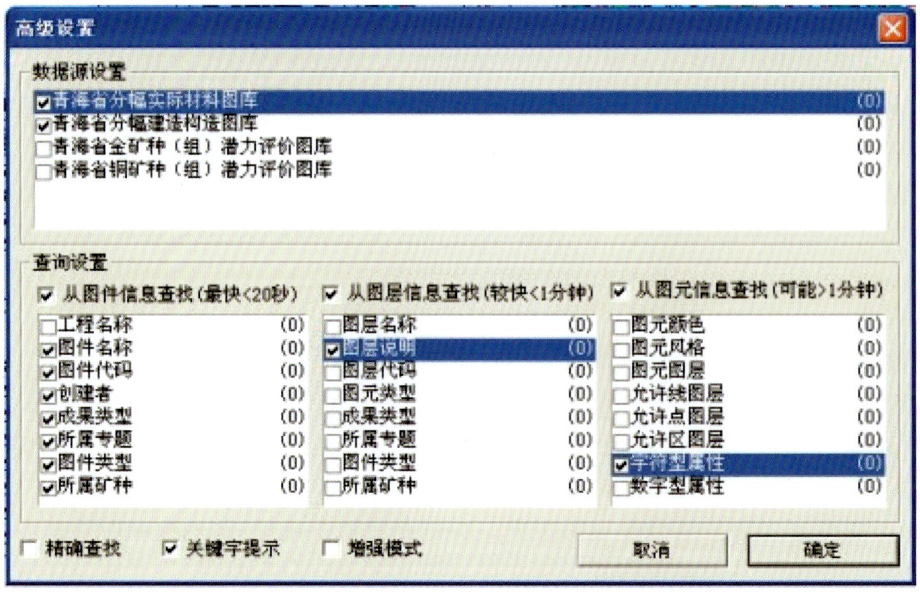

图 8-2　西北矿产资源潜力评价成果空间数据检索

在具体制图过程中，依据编图需求选择不同模板，根据制图规范及数据字典等进行制图目标及符号的匹配，例如根据年代、岩性、构造等属性代码按照已定模板生成颜色、符号、花纹的各项图示参数，快速地完成地图的渲染，快速地完成由“数据”到“图”的过程。

地图的注记作为地图语言之一，是影响地图可读性、增进地图使用价值的一个重要因素，西北矿产资源潜力评价成果空间数据库所有空间要素包含完整、规范的属性数据，在遵守制图规范的基础上，根据要标注的地物要素的实体特征和属性类别，生成注记样式和布局，实现高度自动化的注记生成。

3. 地图整饰

地图配图完成后，根据制图经验，自动生成专题图指北针、图例、比例尺、地图花边等整饰要素，再辅以人工简单编辑修改即可实现成图。

随着地理信息应用新技术的不断发展，多源数据驱动的自动化制图技术涉及的问题还很多，如何总结制图专家知识、完善制图表达规则、根据不同需要更加自动、智能化地实现制图综合，还需要进一步研究。

第九章　结论与展望

西北地区矿产资源潜力评价项目自2006年到现在，共经历8年时间。专业涵盖测绘制图、地质矿产、物探化探、地理信息、财经、综合管理等。可谓规模宏大、史无前例、成效显著、影响深远。通过本次工作，收集整理了自解放前至今的众多地质类资料、学习了具有国际水平的地质前沿理论与方法，提升了地质队伍专业素质，培养了大批人才。摸清了西北地区地质矿产家底及蕴藏的矿产价值，使西北地区矿产资源量有大幅提升，为西北五省（自治区）经济发展、矿业开发提供了宏观决策参考，为今后发展指明了方向。

（1）系统收集整理了西北地区大量第一手地质资料，并通过对已有地质数据库的更新和维护，提高了西北地区相关地质数据库现势性，完善了数据内容，提高了数据质量，为西北地区矿产资源潜力评价工作奠定了坚实的数据基础。

项目组及时收集并整理了中国地质调查局发展研究中心下发了八大基础数据库，并在省级基础地质数据库更新维护基础上，进行了更新成果的集成汇总，形成了资料截止日期为2007年12月底的西北地区工作程度数据库、矿产地数据库、区域重力数据库、自然重砂数据库、地球化学数据库、遥感数据库。

（2）基于矿产资源潜力评价项目海量的原始资料和成果数据，汇总集成了完整覆盖西北五省区，囊括基础地质、矿产、重力、磁法、地球化学、自然重砂、遥感各个专业的矿产资源评价综合信息成果，为矿产资源潜力评价常态化奠定了坚实基础。

通过项目工作汇总了覆盖西北地区全境的1∶25万实际材料图、建造构造图和遥感影像图，集成了西北地区1∶50万比例尺地质背景、重力、磁法、化探、自然重砂、遥感系列基础图件，集成了西北地区重要成矿区带1∶5万～1∶25万成矿规律和矿产预测系列图件，编制了西北地区1∶150万成矿地质背景、重力、磁法、化探、自然重砂、遥感、成矿规律、矿产预测各专业成果图件及其数据库，图件总数共计20 260幅，成果图件按照格式要求进行规范化处理，数据总量达870G。

（3）部署并建立了西北矿产资源潜力评价数据服务平台，解决了海量地学数据分散、保存方法落后、查询困难、利用率低等问题，为地质成果资料信息的社会化共享和服务奠定基础。

利用数据库、GIS和管理信息技术，将西北地区包括23个矿种、8大专业类型的矿产资源潜力评价数据进行有效的集成入库管理，实现地质调查数据管理和业务信息的汇总、整理、分析、查询、统计、输出的信息化；提供成果数据的维护，数据格式转换和空间参考信息转换，方便快捷灵活的地理信息图形和属性数据的交互查询；提供各种统计报表的自动生成以及多种格式的专题图制作与输出，地理信息的空间分析和相关统计分析，搭建起地调数据交换平台，实现地质调查信息的管理、应用、交换和共享，矿产资源信息动态监测、综合预测和领导辅助决策等功能。并编写了西北矿产资源潜力集成数据库配套的使用手册，供用户使用参考。

（4）通过潜力评价全流程信息化的锻炼，提升了西北地区地质队伍信息化水平，培养出一批熟悉西北情况，既懂专业又能熟练掌握地质信息技术的复合型人才。

通过项目的开展，实现了地质找矿、GIS领域的理论及技术方法探索与创新，推广了数字地质的应用，使众多生产基层工作者掌握了新的成矿地质理论和技术方法，培养出一批综合型地质矿产人才。

大数据的相关技术正在不断影响和改变地质行业，从数据的采集到存储管理再到应用服务，传统思维习惯也将逐渐变化。地质大数据中所蕴藏的信息，等待着大数据技术来“开采”。要真正挖掘地质大数据的价值，还需要地学界人士的积极参与，对数据不断地进行交换、整合和解析，才能发现新的地学知识，才能创造新的地学价值。

西北地区矿产资源潜力评价全面完成了西北地区基础编图和铁、铝、铜、铅、锌、金、钨、锑、稀土、磷、锡、钼、锰、银、硫、萤石、硼、重晶石等23个矿种的矿产资源潜力评价工作，形成了海量、异构、多尺度、多学科的矿产资源潜力评价成果空间数据库，是目前西北地区最科学、最权威、规模最大的矿产资源潜力评价成果数据集成，既为编制西北地区中长期发展规划提供科学依据，也为西北部署矿产勘查工作提供基础资料，为在地质大数据环境下开展常态化的矿产资源潜力评价工作奠定了坚实的数据基础。

海量成果数据的“数据爆炸但知识贫乏”仍是目前亟待解决的问题。地质科学的时空大数据挖掘，是从地质数据库或数据仓库中寻找并抽取隐含的知识和时空关系，发现有用的特征和规律的一种理论、方法和技术，目前在地质规律研究、成矿预测、资源评价、环境保护和地灾防治领域都有一定的研究。如何借助机器学习、人工智能等技术，从矿产资源潜力评价成果数据库中自动地挖掘知识，寻找隐藏在空间数据库中的不明确的、隐含的知识、空间关系或其他模式，成为接下来研究的重要方向。

参考文献

陈建平，李婧，崔宁，等，2015．大数据背景下地质云的构建与应用[J]．地质通报，34(7)：1260－1265．

陈建平，李靖，谢帅，等，2017．中国地质大数据研究现状[J]．地质学刊，41(03)：353－366．

葛洪涛，赵文豪，周子文，2018．面向地质灾害的快速制图系统关键技术研究[J]．地理信息世界，25(4)：109－113．

何清，李宁，罗文娟，等，2014．大数据下的机器学习算法综述[J]．模式识别与人工智能，27(4)：327－336．

何文娜，朱长青，李仰春，等，2020．基于ArcGIS的智能地质图综合[J]．地球物理学进展，35(2)：728－734．

李朝奎，严雯英，肖克炎，等，2015．地质大数据分析与应用模式研究[J]．地质学刊，39(3)：352－357．

李林，张源，潘玉清，等，2016．数据模型在中南地区矿产资源潜力评价中的应用[J]．中国矿业，25(5)：153－155＋163．

李敏，傅洁，陈安蜀，等，2019．基于云计算的地质大数据挖掘内涵[J]．中国矿业，(S1 vo 28)：343－346＋348．

李晓蕾，高学正，商云涛，等，2018．基于数据库驱动的地质图快速制图技术研究[J]．中国矿业，27(10)：88－92．

宋越，左群超，牛海波，等，2016．国家基础地质数据库整合与集成基本技术框架[J]．中国矿业，25(6)：154－159．

谭永杰，屈红刚，文敏，2018．论地质调查工作大数据[J]．地理信息世界，25(2)：7－11．

汪新庆，冯磊，2013．基于数据字典的MapGIS属性数据逻辑检查——以全国矿产资源潜力评价基础成果数据检查为例[J]．地质学刊，37(3)：478－481．

王登红，刘新星，刘丽君，2015．地质大数据的特点及其在成矿规律、成矿系列研究中的应用[J]．矿床地质，34(6)：1143－1154．

王杨刚，郝丽荣，黄辉，等，2019．基于空间数据和专家知识驱动的地质编图技术研究与应用[J]．地质通报，38(12)：2067－2076．

王永志，高光大，杨毅恒，等，2008．地学空间数据仓库的构建技术[J]．地质通报，(5)：713－718．

吴冲龙，刘刚，2019．大数据与地质学的未来发展[J]．地质通报，38(7)：1081－1088．

吴信才，2009．数据中心集成开发技术：新一代GIS架构技术与开发模式[J]．地球科学(中国地质大学学报)，34(3)：540－546．

肖克炎，娄德波，孙莉，等，2013．全国重要矿产资源潜力评价模型汇总[J]．地质学刊，37(3)：341－348．

肖克炎，孙莉，李楠，等，2015．大数据思维下的矿产资源评价[J]．地质通报，34(7)：1266－1272．

严光生，薛群威，肖克炎，等，2015. 地质调查大数据研究的主要问题分析[J]. 地质通报，34(7)：1273-1279.

叶天竺，2004. 固体矿产资源预测理论与方法[M]. 北京：中国大地出版社.

叶亚琴，左泽均，陈波，2006. 面向实体的空间数据模型[J]. 地球科学(中国地质大学学报)，(5)：595-599.

尹潘，胡光道，2006. 基于 GDW 的空间数据融合[J]. 吉林大学学报(地球科学版)，(3)：486-490.

于萍萍，陈建平，柴福山，等，2015. 基于地质大数据理念的模型驱动矿产资源定量预测[J]. 地质通报，34(7)：1333-1343.

翟明国，杨树锋，陈宁华，等，2018. 大数据时代：地质学的挑战与机遇[J]. 中国科学院院刊，33(8)：825-831.

张文华，黄辉，王杨刚，等，2020. 数据驱动编图技术在青藏高原地区的应用实现[J]. 地质论评(66)：180-182.

赵亚楠，朱月琴，李朝奎，等，2017. 全国矿产资源潜力评价成果数据智能检索方法研究[J]. 中国矿业，26(9)：72-78+97.

周永章，陈烁，张旗，等，2018. 大数据与数学地球科学研究进展——大数据与数学地球科学专题代序[J]. 岩石学报，34(2)：255-263.

左群超，2015. 矿产资源潜力评价数据模型研发、应用与数据集成方法技术体系[J]. 地质通报，34(12)：2334-2351.

左群超，杨东来，宋越，等，2013. 中国矿产资源潜力评价成果数据质量控制及方法技术[J]. 中国地质，40(4)：1314-1328.

左群超，杨东来，叶天竺，2012. 中国矿产资源潜力评价数据模型研制流程及方法技术[J]. 中国地质，39(4)：1049-1061.

左群超，杨东来，叶天竺，2013. 中国矿产资源潜力评价成果数据质量控制及方法技术[J]. 中国地质，40(4)：1314-1328.

左群超，杨东来，冯艳芳，等，2011. 矿产资源潜力评价数据模型丛书：成矿地质背景研究数据模型[M]. 北京：地质出版社.

左群超，杨东来，黄旭钊，等，2011. 矿产资源潜力评价数据模型丛书：磁测资料应用数据模型[M]. 北京：地质出版社.

左群超，杨东来，张明华，等，2011. 矿产资源潜力评价数据模型丛书：重力资料应用数据模型[M]. 北京：地质出版社.

左群超，杨东来，赵汀，等，2011. 矿产资源潜力评价数据模型丛书：矿产预测研究数据模型[M]. 北京：地质出版社.

左群超，杨东来，2011. 矿产资源潜力评价数据模型丛书：通用代码规定[M]. 北京：地质出版社.

左群超，杨东来，陈郑辉，等，2011. 矿产资源潜力评价数据模型丛书：成矿规律研究数据模型[M]. 北京：地质出版社.

左群超，杨东来，冯艳芳，等，2011. 矿产资源潜力评价数据模型丛书：数据项下属词规定[M]. 北京：地质出版社.

左群超，杨东来，李景朝，等 ，2011. 矿产资源潜力评价数据模型丛书：自然重砂资料应用数据模型[M]. 北京：地质出版社.

左群超，杨东来，吴轩，等，2011. 矿产资源潜力评价数据模型丛书：化探资料应用数据模型[M]. 北京：地质出版社.

左群超，杨东来，于学政，等 ，2011. 矿产资源潜力评价数据模型丛书：遥感资料应用数据模型[M]. 北京：地质出版社.

左群超，叶亚琴，文辉，等，2013. 中国矿产资源潜力评价集成数据库模型[J]. 中国地质，40(6)：1968－1981.

左泽均，周顺平，2010. 基于MapGIS数据中心构建基础地理信息地图集模型[J]. 地球科学(中国地质大学学报)，35(3)：391－396.